小田桐あさぎ

嫌なこと全部やめたらすごかった

女の無理ゲー攻略ブック

はじめに

「今の自分に点数を点けるとしたら何点ですか？」

もし28歳の頃の私が、誰かにそう質問されたとしたら、

「う〜ん……だいたい70点くらいかな……」

って、モジモジしながら答えてたと思います。

以前の私は自分のことを「**外見も内面も人並み以下な、少し残念な女性**」と認識してました。だからその私が70点も取れるなんて、もう十分すぎるくらい十分だしって。

最高に理想のタイプ！とは言えないにせよ、好いてくれる男性もいるし。

それなりに自分の能力が活かせて、同僚に恵まれた仕事もしているし。

きっとこれから先も私は70点。人から羨ましがられるほどの人生ではないけど、私

なりに、多少の不満とは折り合いをつけながら、ささやか〜に幸せな人生を送っていくんだろう。

それなりの人と結婚して子ども産んで、仕事と家庭をなんとか両立するワーキングマザーになって……。

こんな未来予想図を、当時の私は1ミリも疑う余地はありませんでした。

でも人生ってのは本当に不思議なもので、**今の私は当時の私から見たら100点どころか1億点くらいの人生を送ってます。**

たった3年で私の人生はがらりと変貌を遂げ、しかもその確変状態が今も継続中という……！

◆100%理想の男性と出会って2週間で結婚、6年間たった今もラブラブ

◆家事と育児はほぼ外注、好きなときにやりたい範囲でだけ
◆六本木に自宅とサロンを構え、年収は約10倍に
◆仕事は本当にしたいことだけを、月に8日程度だけ
◆3万人近いフォロワーや、一緒に夢を叶える多くの友人に囲まれている

これを1億点と言わずして、なんと言いましょうか……。
自分で言うのもなんだけど、かなりヤバイと思います。

私は28歳までは、どこにでもいる少し残念な女だったはずなのに、その3年後には**「天性の才能を持って生まれた、選ばれし一握りの人」**みたいになってしまったわけです。

こう書くと、私の人生に一体どんなミラクルが起きたのかと不思議に思う人もいるかもしれません。

でも私の人生に起きたことはミラクルでもなんでもない。私はただ、眠っていた自

分の才能を発掘し、ほんの少しの思考の転換を行っただけ。

私は今、28歳の頃の自分にこう伝えたい。

「普通に収まって、妥協してる場合じゃないよ」と。

そして、もし今この本を手に取ったあなたが、自分のことを「普通」とか思っちゃってるんだとしたら、そんなあなたにも全く同じセリフを伝えたい。

人は誰でもみんな、その人にしかない特別な才能を持っている。

大切なのは、自分の才能をちゃんと「自分で」発掘しようとすること。

そして、何の根拠もない「これが普通」っていう思考から、脱却することだけ。

私なんて現在では、もはや自分だけでは飽き足らず、その「才能の発掘法」や「人生を変えた思考法」を他の女性たちに指南までしちゃってます。

そして、さらに驚くべきことに、その沢山の女性たちまでもが、次々と理想の人生を手にしていってるんですよ！

自分だけの魅力を活かすことで、人は誰でも思い通りの人生を生きられる。

この本では、そんな思い通りの人生を送る秘訣を、お伝えしたいと思います。

素晴らしい才能に恵まれた女性が本来の能力を発揮せず、１００％幸せと言えない日々を送っているのは、自分だけじゃなく家族、そして社会全体の損失。

人生は本当に、１００％自分次第。

思考を変えて行動すれば、どんなことでも叶う。

どうせなんでも叶うんだから、どんどん人生を巻いていって、とっとと幸せになりましょう！

小田桐あさぎ

嫌なこと全部やめたらすごかった／目次

第1章 モテの暗黒期の乗り越え方

第2章 女にとって結婚は地獄？じゃなくて天国！

第3章 それなり女が人生を爆アゲする方法 導入編

第4章

それなり女が人生を爆アゲする方法 基本編

第5章 お金に我慢しない生き方

第6章 やりたいことしかやっちゃダメ！

ワーク8　仕事を分類しよう

装幀……加藤愛子（オフィスキントン）
DTP……NOHA

第1章

モテの暗黒期の乗り越え方

婚活期間、死ぬほどモテませんでした

私の恋愛遍歴の中で一番の暗黒期といえば、28歳の頃です。

「**30歳までに第一子を出産しないなんて、女としてありえない!!**」

と心の底から考えていた私は、20代のうちに絶対に絶対に結婚&出産すべく、まさに血眼で男性ハンティングに励んでいました。

なぜそこまで思い詰めていたかというと、もし30歳以降で独身・子育て経験ナシだったら「**どうせ結婚も出産もしてない負け犬**」というレッテルを貼られ、誰も私の言うことに耳を傾けてくれなくなる！と思っていたから。

当時の私にとって人生とは、絶対に負けられない戦い。
社会とは、食うか食われるかの弱肉強食、弱みを握られたら負けの世界。
良く生きるとは、すなわち年収や肩書というピラミッドの、上の方を目指すこと。

そんな私にとって、結婚や出産というのは憧れでも甘い夢でもなんでもなく、人に負けないための防衛手段、正しい女として生きるための登竜門の一つに過ぎなかったのです。

だから28歳になったときに**「今年中に結婚相手を見つけないと、即ち死」**と自分に重い試練を課し、そこから真剣に婚活を始めました。

もし29歳の誕生日までに彼氏・結婚相手が見つかっていなかったら、29歳になったその月から結婚相談所に入り、候補者のなかで一番いい人……たとえ好きじゃなくても一番ましだと思える人と結婚しようというところまで覚悟を決めて。

好きじゃなくても仕方がない、それよりも30までに結婚して出産をしてないなんて、人として絶対にダメ！って思ってたわけです。

毎日出会い系アプリにログインしては、2通目で「すぐ会えますか⁉」と前のめりに迫る。

友達の主催するパーティーに出掛けていっては、初めて会う男性に即デートのアプローチ。ナンパだってノリよくどんとこい。性別が男性であればとりあえず射程圏内という勢いで、日々婚活に励んでいました。

なのに。

まず、交換した連絡先に連絡しても、ろくな返事が来ない。初デートのあとは必ず既読スルー。ヤリ捨てどころか、キスすらしてないのに捨てられる切なさ。

唯一連絡が来る相手といえば、「さすがにお前は、ダメだろう……」っていう、出会い系で知り合った同志みたいな男性のみ……。

約1年間に渡る婚活期間、私は死ぬほどモテませんでした。

「自分がいかに結婚相手として悪くないか？」をこんなに必死にアピールしているのに。

家事嫌いも、ワガママなところも、酒癖の悪さも、浪費グセも、借金があることも、転職回数が7回もあることも、昔DQNだったことも、だらしないところも、非常識なところも、オタク気質も、結婚に焦っていることも、すべてを封印してめちゃくちゃ頑張ってるのに、びっくりするほどに、全く、全くモテなかったのです‼

なぜ、当時の私があんなにモテなかったのか。

そこには私の、ある重大な勘違いが隠されていました……。

疲れてる女は間違いなく、モテませんから

私がモテなかった一番の理由。それは、笑顔がイケてなかったからです。
びっくりしません？　まさかそんな理由で？って思いますよね。
でもこれ真実なんですよ！
もう少し詳しく言うと、こんな感じ。

◆基本、ネガティブ
◆常に何かと戦っている
◆貸しは作るけど決して借りは作らない
◆僻み、妬み、嫉妬心が旺盛

◆笑顔がぎこちない
◆強気なくせに人に何かを言われるとすぐ落ち込む
◆いろいろな出来事にすぐイラッとする
◆嫌いな物・人・事を探すのが得意
◆人生をつまらなく感じている
◆自分の外見も内面も嫌い
◆常に損をしないよう気を張っている

他にも100個くらい出てきそうだけど、もう書くの辛いからやめていいですか？（笑）

まぁ、とにかく、いろんな意味でダークだったわけです。

こんな具合に**ダークな気持ちでいると、それは外見にもちゃんと表れて。**

ここで28歳の頃の私の衝撃写真（帯の写真、左参照）を、改めて見ていただきたいと思います。

当時の私にとって、これは笑顔だったらしいです……。怖すぎます。

この頃の私って、「絶対に結婚しなきゃ!」という謎の強迫観念のために、ものすごく自分を偽って苦しみながら頑張って生きていて、それがこの「ぎこちない笑顔」に全て凝縮されているんですよね。

ホントね、女性が魅力的かどうか?って、パーツじゃないんですよ。本心から笑顔かどうか?が90%くらい占めてます!!

この頃の私の笑顔、なぜこんなにぎこちなかったんだと思います? それはね、

とにかく疲れていたから!!

さきほども書きましたけど、この頃の私って、自分の中での「こんな人はダサい」っていう基準がめちゃくちゃ厳しくて、いろんな人達を「こういう人はダメ」って決め

つけては見下してて。

例えば、実家暮らしの女性とか、一般職の女性とか、専業主婦の女性とか、30歳以上で独身の女性とかを、「自立してない、プッ（笑）」とか思ってたんですよね。

んで、そうやって見下してるからには当然、自分がそんな状態でいることが許せるわけもなく。当時の私は、そんな自分で決めた「地獄のデスマーチ」に縛られ、いろいろと無理をしてました。

実家からでも全然通えるのに無理に一人暮らしをしつつ、「手に職を」と考えて選んだけど全く向いてない設計という仕事をしながら、20代でなんとしても結婚&出産すべく、一生懸命に婚活して……。

掃除とか大っ嫌いなのになるべく家をキレイに保って、アプリで見つけたどうでもいい男性とメールを一生懸命やり取りしてデートに行っては「私、結婚相手として悪くないよ？」アピールを必死にして。

とにかく嫌なことや苦手なことをね、一生懸命、頑張ってたんですよ。

いや、客観的に見ると、そんな疲れるほどたいしたことをしてるわけじゃないんです。周りの人と比べても、そんなに働いてるわけでも成果出してるわけでもないし、一人暮らしだって婚活だって、み〜〜んな普通にしてることだし。

でも**嫌なことを一生懸命頑張ってると、人ってたいしたことしてなくても、めちゃくちゃ疲れるんですよ!!**

だから当時は全く自覚はなかったけど、今思えばもう相〜当〜に疲れてたんだと思う。

その疲れがダークなオーラとなって、全身にまとわりついていたんだと思う。

これとっても大事なことなんですが、

疲れてる人ってのは、もう間違いなくモテません。

疲れてると、どうしても人は癒しを求めてしまうもの。
それはもう自然の摂理として、しょうがないことだと思うんです。

でも誰に強制されたわけでもないのに、自分で勝手に嫌なことを頑張ってめちゃくちゃ疲れておいて、その疲れを誰かに癒してもらおうなんて、おこがましいにも程があると思いません？（笑）

結局、恋愛市場でモテるってのは、「需要と供給の世界」で「供給側」に行くことでしかない。
その観点で言えば、**今時の男性なんてみ〜んなめちゃくちゃ疲れてるんだから、相手にエネルギーを与えられる人にならないと、モテるわけがないんですよね。**

ホントね、自分が疲れてる場合じゃなかった!!

ダメに生きたらモテモテに！

とはいえ、自分がモテない原因が「疲れているから」なんて、当時の私には分かるはずもなく。モテない理由を分析した私が出した結論は、

「こんなに努力してもダメってことは、もう何しても無理ってことなんだ……。私の時代は、20代前半でとっくに終わってた。もう私は、結婚できないんだ！」

ということでした。


こうして私は、自分は一生独身かもしれないという覚悟を決めたのです。

しばらくは落ち込んでいたものの、そのうち「**どうせ結婚できないなら、これからは一人で人生を楽しむしかない！**」という考えに至りました。

そうして、人生を一人でも謳歌することに決めたのです。

「どうせ1人なんだから、もう好きに生きよう」

そう思い、ずっと興味のあったホステスでバイトを始めたり、出張や接待が盛りだくさんの営業職に転職したり、ネットゲームにハマってみたり。当時の私そのまま「結婚から遠のくような行為」を繰り返しました。

男性の前でも堂々と部屋が汚いことやネトゲにハマっていることを公言し、週末ともなれば飲んだくれる日々。

そしたら!! 驚くべきことに、少し前まで「まるでどっかの秘境かな？」ってくらいの無人島さながらだった私の周囲に、ちらほらと男性の姿が戻ってきたのです！

既読スルーの嵐は鳴り止み、ちゃんと男性から誘ってもらえるように。

私としては、これはかなり驚きの展開でした。だって今まで散々、**モテるためにしてきた努力をやめた途端、モテ始めたん**ですから……。

でも今ならこの事象にも納得。

人って自分の好きなことだけをしてたら、魅力的になるんですよね。

だって無駄なエネルギー使わないからエネルギッシュだし、いつも笑顔でいられるし、余裕をもって人に接することができるし。

つまり「嫌なことをして疲れる」の逆で、**みんなが疲れてるからこそ、好きな事をして生き生きしている女性はモテる。**

あなたのエネルギーがほしいっていう人が、集まってくるんです。

だからね、婚活中で思うように成果が出ていない人がいたら、あの頃の私のように「もう、どーせ結婚できないんだから！」って、一回自分の好きなように生きてみたらいいと思う。

結婚資金として貯めてた貯金を使って、どんどん好きなことしちゃおー‼

「美」をサボる女はニート男と同等

私のオススメは、なんといっても外見にお金をかけること。それも肌・髪・歯・体型などの、自分の本質的な価値が上がる部分がイチオシです。

ここで私が生み出した名言を一つ、皆さまにご紹介しますね。

「美しくいることをサボっている女性ってのは、稼ぐことをサボっている男性と同じくらいダサいんだよ!!」

人生になんの目的もなく、稼ぐことを諦めて生きている男性というのは、女性にとっては全く魅力的じゃないでしょ？

それよりもコツコツと働いて日々自己成長を積み上げている男性や、大きな夢や野望を持って成功しようとガムシャラに努力する男性のほうに、魅力を感じるじゃないですか。

これはそのまま、女性の外見美とイコール。

「金が全てじゃない」とか「稼ぐ自信がないから……」といってニートに甘んじてる男性がいたら**「自信がないとか言ってる暇あったら、まず外でろよ。なんでもいいから、とりあえず働いてみろよ」**って思いません!?

女性も同じで、今現在の自分の外見を棚に上げて「自信がないから……」などと言って美しくなる努力を放棄してたら、そこで試合終了。

体型が気になるなら痩せる、肌が気になるならエステに行く、メイクの練習をする、美容室に行く、似合う服装を知る……etc。

女性は結局のところ、外見が100％。外見って、目に見える内面だから。

貯金なんてあっても外には見えないんだし、200万の貯金がある女性より、その200万を自分に使ってキレイでハッピーでいる女性の方が、断然魅力的に映ります。

そんなわけで私は、受講生とかでモテたい！って子にはまず「**1に外見、2に外見。そんで好きなことをしよう！**」っていう指導をしています。

そうすると、突然オシャレしていったりバッチリメイクで行ったら変に思われないか？って心配する人がよくいるんだけど、多分、その心配は無用だと思うのです。

というのも以前、私の職場の先輩が思いっきり整形をしてきたことがあって。その先輩は一重だったんだけど、ある日突然、中谷美紀バリの超パッチリ二重で出勤。

このときまだ若かった私は動揺して、

「えっ⁉　先輩、確実に整形しましたよね⁉」
「いやいやだって先輩、一重だったじゃないっすか‼」
「ちょっと目ぇつぶってみて‼　ホラ‼」

とかね、もー散々突っ込んだの。今考えれば何たる鬼畜の所業……。

でもね、私がこのとき一番ビックリしたのは正々堂々と整形してきた先輩にでもなく、気付かぬふりを決め込む他の女性社員にでもなく、空気読めなさが小学生レベルの自分にでもなく、男性社員のみなさんの反応だったんです。

というのもね、彼らってば突然、
「今まで気づかなかったけど、○○さんって美人だよね」
的な反応してやがんの！

私、マジで「えええええええええ」って思った。いやいや！　今まで気づかなかったとかじゃなくて！　顔！　変わってますから――!!って、もう超びっくりした。

でもね、私この時に分かったんです。この**恐ろしいほどの変貌ぶりに気付けない男性に、髪型とかメイクの変化見抜けったって無理ゲーだろ**、と。

まぁ、中にはこういうことにすごく敏感な男性もいて、「おっ！　今日雰囲気違うね！」とか言ってくる人もいるかもしれないけど、でもそれよりも「元々綺麗な人だった」って認識してくれる男性のほうが断然多いと思う。

だからそんな心配は無用だし、そうなれば善は急げ。**一刻も早く綺麗プロモーショ**

ンしたほうが、この先の人生、絶対にお得だと思うのです。

まずはＬＩＮＥとかのプロフィール写真、これを思いっきり加工した盛り写真にしちゃって！

これするだけで昔の知り合いの男性から「元気？」みたいなメール来ますから（笑）。

出会いでビビビッ！が来ない女性に足りないもの

そんなわけで婚活をやめて好きな事に邁進した私は、以前とは比べ物にならないくらいモテるようになりました。

しかし、今度は別の壁にぶつかります。それは定期的にデートをする相手なら何人かいるものの、イマイチ決め手に欠けるということ。

彼らは外見もスペックも性格も悪くはないはずなのに、「どうしてもこの人がいい！」というほどの相手が見つからない。

誘ったり誘われたりするままにデートはするものの、世間話の時間だけが過ぎていく。こうしている間にも刻一刻と迫りくるリミットに、私は猛烈に焦っていました。


そんなある日の昼下がり。私は1人の女友達から、後の人生の大転換につながる、衝撃的な話を聞いたのです。


それは私も知っている、最近結婚したAさんという女性の話。曰く、Aさんには元々とても素敵な婚約者がいたそうなのですが、ある日パーティーで別の男性と知り合います。

そのときAさんは「この彼こそが自分の理想の結婚相手だ！」とその場で確信。そして元の婚約者には別れを告げ、その彼に猛アタックを開始。結果、みごと3ヶ月で婚約へこぎつけ結婚、現在も最高に幸せに暮らしているという……！

この話を聞いた私は、脳天をセガサターンで直撃されたようなショックを受けました。いつもの前のめりをさらにもう10歩くらいズズイと前のめり、その女友達に詳しい説明を要請。

そう……当時の私は薄々感づいていた。

なぜ松田聖子さんのようなビビビッ！（古い）が、自分には全く訪れないのか？

最初は、出会う相手がパッとしないからだと思ってました。でも、多分それは違う。だって現に、私にとってはビビビッとこなかった、特に魅力的でもない男性たちだって、別の女性とはしっかりとゴールインしてるわけですよ！

相手の問題ではないとしたら何か。

そう、認めたくないけれど、これはやっぱり自分のビビビッ！　能力の問題。

Aさんのように、婚約者がいるにも関わらず、出会った瞬間に別の男性を「この人だ！」とキャッチできるその能力。その高感度アンテナの秘密。
このとき教えてもらったのが「理想の男性リスト」の存在でした。

80項目の「理想の男性リスト」で理想の夫をゲット！

「理想の男性リスト」とはその名の通り、自分の理想の男性をリスト化したもの。Aさんが出会ったばかりの男性に対して、一瞬で「この人だ！」と確信できた理由は、この「理想の男性リスト」に、彼がぴったり合致していたから。

私に必要なのはこれかもしれない!! そう確信した私は、その日から早速リストの作成に着手しました。毎日毎日、自分の理想とする男性像と向き合う日々。

リストを常に持ち歩き、暇さえあれば見返しては何度も何度も修正を施し、2週間ほどかけて80項目にも及ぶ「理想の男性リスト」を書き上げました。

わかったのは、この「理想の男性リスト」には、とても沢山のメリットがあるということ。

1．自分の理想像を明確に具現化できる
2．理想像に対するアンテナが張れるようになる
3．男性に対し冷静な見極めができるようになる
4．説明しやすく紹介の可能性が上がる
5．自分自身もリストにふさわしく適応していける

またこの**リストは頭の中で想像するのではなく、しっかりと紙に書き起こすことが大切**です。仕事でTODOリストを作っている方は多いと思いますが、それと原理は全く一緒で。

人間とは、忘れる生き物。視覚的に見えていないと、どんなに大切なことでもうっかり意識の外へ出てしまうのです。

こうして「理想の男性リスト」を完成させた私ですが、そのリストを見て満足したのもつかの間。

「こんな男の人、いるわけない……」

リストを前にして、私は泣き崩れました。

何故ならそのリストには、全世界の女性が卒倒するような、超絶イケメンの姿が記されていたのです。

「こんな男性がこの世にいるわけない。万が一実在するとしても、まだ独身で残っているわけがない。億に一残っていたとしても、こんな私をわざわざ相手にするわけがない……」

そう思わず絶望しそうになりました。

でも泣いててもはじまりません。私は試しに適当な同級生を頭の中でピックアップし、点数をつけてみました。

今まで一度も意識したことのない、普通にイケてない男性です。


すると、なんということでしょう……！

彼は80点中、70点くらいを獲得してしまったのです!!

私は確信しました。満点スコアをとれる男の人は、多分そのへんに存在している。ただ私のアンテナがそれを捉えていないだけだ、と。


この仮説は後に、私の人生をもって正しかったと証明されました。

「全世界の女性が卒倒するような超絶イケメン」であるはずのリストに当てはまる男性と、私はその半年後に婚約をしたんですから。

しかもその男性のこと、私すでに知ってたんですよね！

ただ私が自分の理想をしっかり可視化をしていなかったばかりに、アンテナに引っかかっていなかっただけ。やっぱり私のビビビッ！　能力の問題だったんです。

「理想の人生」を決めれば短期間で結婚できる

そもそも、このリストを作成する以前に大切なことがあります。

それは、まずは自分の理想とする人生がしっかり定まっていないと、理想のパートナー像を考えたところで、ぼんやりしてしまうってこと。

自分の理想とする人生の決め方は一つ。「自分はどうしたいのか」のみ。

一生働き続けたいのか。働き続けるとしたら、どんな働き方がしたいのか。独身だとフルタイムの仕事をしている人が多いと思うけれど、結婚後も現在の仕事を続けたいのか。それとも少し仕事は控えめにして、家庭に比重を置きたいのか。

結婚くらいならまだ仕事をセーブする必然性はあまりないけれど、じゃあ子どもができた後は？

なるべく自分で育てたいのか、旦那さんと半々くらいがいいのか、はたまた主に旦那さんに育ててもらう、両親の助けを借りる、ベビーシッター……そんな選択肢だって、自分次第では可能です。

私のように、労働時間は最低限、家事と育児はしたいときだけ、好きな仕事で高収入！という道だって、世の中にはあります。

自分の理想の働き方によって、求めるべき男性像というものは大きく異なるのです。

でもとっても不思議なことに、この「**自分のキャリアをどうするか**」**という大切な**

命題について、「先のことはわからない」「将来の旦那さんと相談して決めたい」などとまるで他人事のように考えている女性が、ものすごぉぉぉく多い気がします。

そんな心意気だから「旦那が全然家事を手伝ってくれません……私だってフルタイムで働いてるのに（涙）」などとＹａｈｏｏ！ 知恵袋に書き込む羽目になるんですよ！

私の場合は仕事は一生フルタイムで続けたかったし、育休以外では仕事をセーブすることは考えていませんでした。だからいくら高収入でも、ハードワークに忙殺されている男性は対象外だったのです。

まずは自分がどうしたいか。どんな人生を送りたいのか。

そして、どんなパートナーを選べば、その自分の理想通りの人生が実現できそうなのか？ こんな観点で、理想の男性像を考えてみるのが大切です。

こうして私は今の夫と、あれよあれよという間に結婚にこぎつけました。初デートから結婚を決めるまでのデート回数は、たったの3回！

こんなに短期間で決断できた理由はやっぱり、私が実現したい人生をしっかり決めていたことと、理想の男性リストを作っていたからだと思います。

私の友人や受講生でも、出会って2〜3回のデートで結婚を決めている幸せな女性は、もう100％と言ってもいいくらい、このリストを作ってます。

P190に、私が作成した「理想の男性リスト」を公開しますので、ぜひこれを参考に、みなさんも「理想の男性リスト」を作ってみてください！

ワーク1
理想の人生と男性像を考えてみよう

女性は外見が１００％。
疲れと我慢がブスを生む

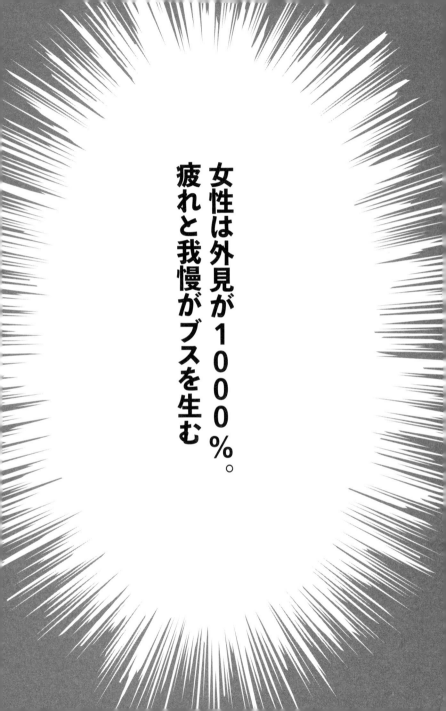

第2章

女にとって結婚は地獄？じゃなくて天国！

夫が妻に求めているのは笑顔だけだった

さて、彼との結婚が決まったその時。私はようやく結婚できる！という喜びに身悶えながらも、一方では「不安アンド絶望」に苛まれていました。

なぜなら、当時の私は結婚を不幸なものだと思っていたから。

「これからは思う存分、残業とかできなくなる」

「夜とか週末に自由に遊びに行けなくなる」

「ちゃんと家事しなきゃいけなくなる」

「夫以外の素敵な男性と遊びに行けなくなる」

「最初はラブラブでもだんだん冷めてくる」

こういったものが、これから私の人生にのしかかってくるのね〜っていう、まぁ諦めにも似た感情。

だから、4年前、彼からプロポーズを受けた日に私が何を思っていたかというと、「多分、今日が私の人生の中で一番最高の日だな」ってこと。

プロポーズの時のように、素敵にお祝いしてもらえることは多分もうないけど、そこに不平不満を抱かず、変な夢は見ず、多少理不尽であっても、そこにある日常に感謝して生きようと思ってました。

でも結婚して一番実感したのは、結婚って思っていたよりずっと自由で、楽しいものだということ。

自分の結婚生活なんだから、自分次第で、いくらでも変えられるんですよね。

ここからは、私のリアルな結婚生活を赤裸々に公開していきます！

私は多忙な会社員である夫をもつ妻であり、3歳の娘を育てる母であるわけなのですが、**育児は「自分がしたいときだけ」「自分が疲れない範囲で」のみ。家事に至っては絶対に自分ではしない**と決めてます。

というのは、妻であり母である自分にしかできない役割というのは、**「常に気持ちに余裕をもち、明るくポジティブでいて家庭内をハッピーに保つ」**ことであり、ここを最優先にするためには、とにかく無理をしないことが大切だから。

具体的に普段の家事はどうしているのかというと、

◆掃除、洗濯、洗い物はすべて週に2回来て頂く家事代行さんにお願い
◆料理は自分が本当にしたいときだけ、月に1〜2回のみ

◆食事は基本的に外食もしくはデリバリー
◆娘の食事はコーン缶、かまぼこ、野菜など、手のかからないもの

で、普段の私は自分が着た服をそのへんに脱ぎ捨てるどころか、使ったティッシュをゴミ箱に捨てることすらしません。

以前、夫に「さすがに使ったティッシュはゴミ箱に捨ててほしい」って言われたこともあるんですが、「ティッシュを捨てたいのは私じゃなくてあなたなんだから、あなたが捨てたらいいと思う」と言ったら納得してくれました。

こんなことを書くと最低な妻みたいですが（笑）、夫いわく私はとても愛に溢れた最高の妻らしいですよ！

なぜかといえば多分、**私は家でイライラすることが一切ない**から。

私は**母として妻として一番大切なことを「イライラしないこと」**だと考えているの

で、ここに関しては絶対に妥協しないことにしてるんです。

結婚して6年が経ちますが、今まで夫にイライラして怒りをぶつけたことは3回しかありません（しかもそのうち1回は結婚式当日という余裕ゼロの日）。

3歳の娘に至っては、なんとイライラしたことが今までに0回という快挙！

「男性既婚者100人に聞いた妻に求めることベスト3」って知ってますか？

1位は笑顔なんです。2位がセックスで、3位が家事。

妻に求めているのが笑顔だけって、男性の愛情ってすごくないですか？

奥様にイライラしながら家事されるくらいなら、家事はお惣菜や外注でもいいって話もよく聞きます。

結婚や出産前は、夫や子どもにイライラするのは当たり前だと思ってましたが、実際は全然そんなことありませんでした。

嫌なことをしてないと、人ってイライラってしないんですよね！

夫に溺愛されている妻ほど家事をしていない！

ホントね、仕事よりも家事よりも育児よりも、まず自分。仕事も家事も育児も、疲れない範囲で、自分が楽しめる範囲だけですればいいんです。

そうなると大半の方は、おそらく仕事・家事・育児いずれも今より手を抜くことになりますよね。このことに対して最初は不安になる方も多いと思います。

◆家事しないと夫が不満を抱くんじゃないか
◆仕事の手を抜いたら上司や同僚に迷惑がかかるんじゃないか

◆子どもの相手をしないといろいろ良くないんじゃないか。とかとか……
受講生のあるあるです。

まぁでもそこはやはり頑張って一度チャレンジしてみるわけですよね。

つい夕食の準備をしたくなるところを思い切ってソファーに横になり、「**今日は疲れたから夕飯作らないね**」ってドキドキしながら宣言してるのとかを想像すると少し笑えるのですが、本人たちは真剣です。

んで、そうしてみると**旦那様は怒るどころか、むしろ体をマッサージしてくれたり、せっせと夕飯の準備してくれたり**。

そこで相手の優しさを感じて、素直な気持ちで感謝を伝えると、旦那様もさらに幸せという、幸せのスパイラルに入れるんです。

家事ができないと結婚が遠のいたり、夫に嫌われると思ってる女性って多いようですが、あさぎ調べでは「**夫に溺愛されている妻ほど家事をしてない**」ですから！

勇気を出して自分を大切にした受講生が口を揃えて言うこと。それは、
「アサギさん……男性って、本っっっ当に、優しいんですね〜!!」（水野晴郎調で）

そう、私は以前は私だけがすっごく優しい夫を見つけたんだと思ってたんですが、彼女たちの彼氏や夫も私の夫と同じくらい超絶優しいんですよね〜。てか、あれもしかしてウチ、負けてる？って思うこともしばしば。

ホントに、**元々男性って誰でも、びっくりするくらい優しい。**

もはや「**家事・育児をやめたらもっと愛されるようになる**」は定番なので、ホント騙されたと思って一度試してみてほしい。

いきなり外注をお願いするのはハードル高いとしても、

- 週に3日はご飯を作らない
- 掃除の頻度を今までの半分にしてみる
- 洗濯は下着系以外はしない

これだけでもだいぶ変わると思います。

イライラはキャパオーバーのサイン。家事は外注へ

そんなわけでうちの場合は、家事は週に2日来て下さる代行さんに全て一任し、**ざっと5万円くらいで家事オール外注**をしてます。

家事しないと、精神的にも肉体的にも、本当に疲れないいんです。

嫌なことするって一番エネルギー使うし、あと「やらなきゃいけない」って思いながらやってないことがあるってのも、同様にすごくエネルギーを使う。

掃除とか洗い物ってだいぶこの要素ありますよね。
やらなきゃー！　やらなきゃー！　でも疲れたから明日でいいや……。
これが積み重なると、無自覚でも相当のストレスになってるはず。

なんて書くと「でもお金かかるし……」と言われますが、**家事をしないって決めれば、毎日かなり時間が余りますから**。その時間を有効活用することで、月に5万円収入を上げるなんて超簡単だと思いますよ。

夫婦なら一人あたり2万5千円上げればいいわけだし。会社で残業してもよいし、バイトしてもよいし。
まぁ本当は好きなことをして、それをお金に変えるのが一番だとは思いますが。

それにですね、仮に私が5万円分の仕事をしたとします。
それがそのまま家事代行費用に流れて、手元に残るのが0円だとしますよね？
でもここで逆に、家事を全部自分でやるとしたら、家事代行費用がかからないからやっぱり手元に残るのは0円。

ということは、この分の時間を仕事にあてるか家事にあてるか、選べるってことですよね。

それなら私は断然、仕事のほうがいい。だって家事よりも仕事のほうが楽しいし、もっと大きくなって返ってくる可能性だって秘めてるわけだし。

これは起業しているからというわけじゃなく、仮に私が会社員だったとしても、やっぱり家事よりは仕事のほうが全然楽しかったから、少なくとも私は絶対に仕事を取ると思います。

まー、かくいう私もつい4年前までは家事を外注するなんて発想なかったから、普通に家事してましたけどねー！

でも一度**家事を外注して、このエネルギーの消耗のなさを実感してからは、二度と**

家事はやりたくないと思うようになりました。

今は家事代行サービスが時給１５００円以下で、誰にでもすぐにお願いできる時代です。家事を減らすことで、心身ともに余裕が生まれるということを、是非体感してみていただきたいと思います！

イライラしてしまうのは、おそらくキャパオーバーだから。
一度、嫌なことは勇気をもって手放してみましょう！

ワーク2

本当はやりたくないこと、面倒なことについて書き出してみよう

器の大きな男性の育て方

家事や育児を外注するには、どう夫に伝えていくかにもコツがあります。

ラトガース大学による「男性の人生の満足度と結婚生活の満足度の関係を調べた研究」では、「**男性の人生の満足度っていうのは、奥さんの幸せ度で決まる**」という実験結果がでているそうです。

そう、男性には基本的に「好きな女性を幸せにしたい」という気持ちしかないんですよ。

だから、**なによりもまず大切なのは「自分はどうしたら幸せなのか、どうしたいのか」をちゃんと伝えること。**

そのとき「どうせ反対されるんじゃないか」と疑ってかかると、そういう結果が返ってきます。

私は常に夫に対して、「**絶対に私のことを応援してくれる。私の幸せだけを願ってくれている**」という前提でいます。

こうやって接していれば、男性も「あ、やっぱり僕のことすごく信頼してるんだな」って思って、本当に応援してくれるんです。男性には「器が大きい自分でいたい」という気持ちが、ものすごくあるので。

私なんて、毎月国内外への１人旅行も楽しんでます。

その期間は当然、娘の面倒は全て夫が見る羽目になるわけですが、夫に「来月も行っていい？」と聞くと、「あーさん（私）がいると、僕もついあーさんに構いたくなっちゃうし甘えちゃうから、いないほうが逆に娘ちゃんとのタイムスケジュールがスムーズにいくんだよね。だから安心して行ってきて～」と言われます。

一般的には子どもが小さいうちって、どんなに仲いい夫婦でも揉めがちですよね。

お互い仕事や家事や育児で疲れてるとちょっとしたことで喧嘩したり「これどっちの役割⁉」と小競り合いしたり。ましてや母親だけひとりで海外旅行なんて、たとえ仕事での出張でも嫌な顔されがち。

でも私の場合は**毎日、夫に抱きつかれて「あーさん♡」って溺愛されてますから！**

旅行から帰ると「僕のあーさん不足が深刻です！」って訴えられたり。**家事をせずにイライラしないでいることで、こんな愛され妻ライフも待ってるんですよ〜。**

こんな話をすると「そんなに器が大きくて素敵な人が、この世にはいるんですね！私もそんな人と出会いたい‼」とかよく言われるんですけどね。

もうね、これにはすかさずツッコミですよ！

「ちょっと……今の自分の周りにはそんな人いないと思ってるでしょ!?」

「お、思ってます……」

「もう、そこよそこ！　周りの男性の器を全っ然、信じてないんだから！　あなたの周りの男性もね、絶対に同じくらいの器、持ち合わせてるから！　あなたが先に全面的に信頼すれば発揮してくれるものだし、てかそもそも試してもないのにどうせそんな器ないって決めつけてる時点でマジで失礼だからー!!」

男性の器の大きさというのは、女性がどれだけ相手を全面的に信頼できるかで、いかようにも変わると思ってます。

女性が信頼することさえできれば、必ず応えてくれる。

このあたり、会社の上司で考えるとわかりやすいと思うのですが、自分のことを全く信じてくれず、常に「お前はどうせできない奴なんだから」扱いしてくる上司の元では、仕事って頑張れなくないですか？

それよりも、どんな時でも「あなたならできるよ！」って信じて見守ってくれる上司なら、こちらも期待に応えたい！って気持ちになって、本来のポテンシャル以上の力だって出ちゃったりしません？

それと同じ、いやそれ以上に、**男性は女性から信頼されることを強く望んでいるし、信頼すればするほど、たとえポテンシャル以上の力であっても、発揮してくれるもの。**

だからまずは女性である自分が、相手のことを全面的にレッツ信頼！
そうすれば男性はどんな人でも絶対に、凄まじいポテンシャルを発揮してくれますから。

ちなみに私はこれを、前職の営業時代から活用してましたよ。

まず最初に、取引先の相手を全面的に信頼し、
「ホント○○さんって器が大きくて助かります！」
って連呼しておくと、受注の際の無理な値引き交渉とかがなくなったり、かなり融通を効かせてくれるようになります（笑）
したたかではありますが、相手にとっても気持ち良い取引になるし、信頼関係もめっちゃ強固になるし、いいことづくめです！

男女関係も仕事も、まずは自分から全力で信頼すること。
そうすると、相手は死ぬほど優しくなります！

不幸な顔の女が、ダメ男を作る

こんな具合に、今では「家事なんてしなくても愛される！」と自信をもって言える私も、**27歳までは一緒に住んでいた彼氏から散々な扱いを受けてましたよ〜。**

なぜか私の狭いワンルームの家に転がり込んでいる彼氏に、布団は占領されるわ、家は散らかされるわ、掃除・洗濯はさせられるわで。お金も貸しまくってたし。

極めつけは、彼のお弁当を作れなかった日なんかに、「今日なんで弁当ねーんだよ」「ごめん、眠くて……」「ちゃんとしろよ！」ってキレられたりしていたこと。なかなかですよね（笑）。

でもこれってやっぱり、原因は私にあったんですよね～。
今ならわかります。彼がどうしてこんな感じだったのか。
それはたぶん、私が幸せそうにしてなかったから。

男性って、自分の好きな女性が目の前で不幸そうにしているのを見ていると、どうやら男性としての自信をなくすみたいです。

男性ってプライドの生き物なので、そのプライドがなくなると、どんどん自暴自棄になってダメ男になっていくんですよね……。

不幸そうな顔をしている女が、ダメ男を作るのです。

男性にはプリンセス願望、ないから！

そもそも、なんでこんなことが起きるのか。私、以前は、世の中にはとても優しい男性と、そうじゃない男性がいるんだと思ってたんです。

でもあるときに気付いたんですよ。

素敵な人と素敵じゃない人がいるわけじゃなく、相手にとって自分がどういう存在かによって、人の態度は変わるんだ、って。

自分について考えてみてもそうですよね。

私もやっぱり、好みのタイプのイケメンにはすごく親切にしちゃう一方で、どうでもいいキモメンに対しては冷たく接しちゃうわけですよ。

これって全人類共通じゃないですか？

だから、男性に優しくしてほしければ、優しくする価値のある女性でいることが何よりも大切！

私がよく男女の違いを説明するときに持ち出すのが、ヒーロー&プリンセス論。

これはまず、女性のなかに、プリンセス扱いされたくない人って、この世に一人もいないって話です。

毎日、かわいいね♡　綺麗だね♡って褒めてもらったり、素敵なお店を予約してもらったり、プレゼントをもらったり、外出したときにスマートにエスコートしてもらったり。

もし自分のことをこんな風にプリンセス扱いしてくれる男性がいたら、もはやそれだけでうっかり好きになっちゃうくらいだったりしません？

少なくとも、同じ男性が１００倍くらいは素敵に見えますよね？

こんな女性の「プリンセス欲求」以上の「ヒーロー欲求」が、男性の中には根深く、息づいているわけです。

私、男性心理がわからない女性って、ここを理解してないんだと思ってます。男性にあるのも「自分と同じプリンセス願望」だと捉えている。

女性は基本、自分の要望に対して男性があれこれ頑張って、すべて叶えてくれたら嬉しいですよね。

だから男性もきっとそうだろうって思ってしまう。

あれこれお世話したり、男性のワガママに全部応えたり、求められるがまま初日から体の関係を持ってしまったり。

でもこういう行為って、本当、びっくりするくらい、すべて逆効果。すればするほど、男性はその女性に対して、どんどん魅力を感じなくなっていくんですよね。

なぜなら、男性にあるのはプリンセス願望じゃなくて、ヒーロー願望だから。

男性が幸せを感じるのは、自分が「してあげた」ときなんです。

毎日、かわいいね♡　綺麗だね♡って褒め「たり」、素敵なお店を予約し「たり」、プレゼントをあげ「たり」、外出したときはスマートにエスコートし「たり」。

自分の行動で女性を幸せにしたときにこそ、深い幸せを感じるのがヒーローである男性。

だから男性は、なんでもしてあげたい！って思えるほどの価値を感じ、全力で右記のようなことをいろいろとさせてくれて、さらにそれをこの世で一番喜んでくれる女性を探してるんです。注いだ愛を、ちゃーんと受け取ってくれる女性を。

恋愛下手な女性って、なんといってもこの受け取りが下手なんですよね。

かわいいって言われても、笑顔で「ありがとう♡　嬉しい♡」って返すどころか「私なんて全然たいしたことないです」って否定したり「からかわれてるんだ……」って落ち込んだり怒ったり、なんて言っていいかわからないからスルーしたり。

男性が考える素敵なお店を「美味しい♡　予約してくれてありがとう♡」って喜ぶどころか、あんまりオシャレじゃない！って怒ったり、私ってそんな価値あるって思われてないんだ……って落ち込んだり、なんなら自分が気を回して、先回りして予約しちゃったり。

男性が女性に求めていることって、ただただ自分がしたことに対して、最高に喜んでもらうことだけ。だから、とにかくまずは一旦受け取ってみてください。

男性が注いでくれた愛をちゃーんと笑顔で堂々と「ありがとう♡」って受け取れる女性というのが、男性から見て「どんどん愛を注ぎたくなる、愛の注ぎ甲斐がある女性」なのです。

恐怖の少女漫画呪縛

ヒーロー&プリンセス論の続きですが、男性って究極、どんな女性が好きなんだと思います？

これは男性向けに書かれた「男性ファンタジー」のヒロインを見ているとよくわかります。

ドラゴンボール、ワンピース、タッチ……。どの作品を見てみても、そこに登場する女性ヒロインの性格といえば、基本は全員、優しいというよりも超強気（笑）。

ドラゴンボールに出てくる、主人公たちの妻となるキャラなんて、強気も強気、主人公たちに戦いを挑むくらいの強気さです（笑）。

タッチの南ちゃんだって、みんなに「今日も可愛い〜!!」って言われても謙遜なんて一切せず「ありがと」で終わり。

本当に男性ファンタジー界のヒロインって、ビックリするほど強気の女子しかいません。

一方、女性向け漫画の主人公ってだいたいが「なんの取り柄もない私」。外見は普通だけど優しさが売りみたいな感じで、しかもネガティブ。口癖は「私なんて……」。なのに神のおぼしめし的に奇跡が重なった展開の末、クラスで一番モテる男の子から好かれちゃう、っていう。

私、このことに気付いたときには戦慄しましたよ。

女子って、そんな展開を昔から見せられてきてるから「これがモテる秘訣なのね！」って間違えちゃってるんじゃない!?って。

恐怖の少女漫画呪縛！

ネガティブキャンペーンを繰り広げる普通女子が男性にとって魅力的に映ることは、フィクションの世界だけでしかありえません。

現実社会は、自分の魅力を堂々とアピールできる「価値ある女子」が勝ちます。

えげつない肉食女子の実態とは⁉

私が今のように男性心理を理解できるようになったキッカケとして、外せないエピソードがあります。

それは、私は、過去に1年間に渡って男性のフリをしていたということ。

1年間で彼女も4人でき、彼女以外にも彼女候補が10人単位で常に列を成すという破格のモテっぷりを披露していたのが私のゲームキャラ、Rくん。

そう、私は昔とあるネトゲにハマっていて、その中で自分のキャラを「**日本最強の超絶イケメンモテ野郎**」として完成させるべく、日々奮闘していました。

その当時の私がネトゲにかけていた情熱ときたら、もはや狂気。

朝起きたらネトゲ。電車内でもネトゲ。仕事中にもネトゲ（おい）。

ネトゲしたいが為に遅刻・早退を繰り返し、帰宅後は毎日6時間はネトゲ。

そのうち会社もやめ、約1ヶ月間に渡り、1日15時間ネトゲ（笑）。

どうしたら女心をつかめるかを研究し尽くしたイケメンなチャットを炸裂させせまくる日々。「女子ウケするかどうか」を絶対無二の判断基準とした完璧な装備（毎月3万以上つぎ込んでた）。

絶対に中の人も男だと信じて疑わせないための絶妙なプロフィール設定。

その私の執念が実り、当時の私のイケメンキャラRくんはそのゲーム内においては他の追従を決して許さぬ、ザ・トップ・オブ・モテキャラへと成長。

ゲーム内とはいえ、それだけ完璧に男になりきってみると、今まで女としての立場からだけだと見えてこなかった男性の思考回路や、女性の思考回路がわかるようになってくるもので。

私がイケメンゲーマー経験を通して学んだのは、肉食女子はいかにえげつない方法で男性にアタックしているのか、ということ（笑）。

嘘や裏切り、忘れたフリや天然なフリなんかも日常茶飯事に繰り広げられていましたね。しかし私は女。全て嘘だとお見通しでしたけど……。

というか逆に「**あ、男の人ってこのレベルの嘘に騙されるのか」という衝撃の方が大きかった。**

思いっきりゲーマーのくせに、パソコンメールの使い方がわからないフリをして携帯のアドレスを無理やり聞き出そうとしてきたりとか。

うっかり間違えたフリをしてエロいメールを送ってきたりとか。というかもはや普通に自分のエロ写メを送りつけてくる人がたくさんいました（笑）。この時の経験から、えげつない肉食女子の生態を知ったと言っても過言ではありません。

もう一つ知ったのは、男性にとって「モテ」がいかに大切か、ということ。

男性の行動原理と「モテ」の結びつきと言ったら、女性のそれとは比べ物にならないんです。もう、モテるために生きている。

女性目線でいくと、不可解な行動を取ることも多いように思える男性ですが、これからは男性がよくわからない言動を取ったときには「この人、もしかしてこれがカッコイイと思ってるのかも……？」って考えてみてください。

だいたい理解できるようになります（笑）。

ついでに、そのポイントを「カッコイイ〜！」って褒められればもう完璧（笑）！

男ゴコロを理解している女性というのは、

「○○くんのこんなところが素敵♡」「こっちの方がかっこいいと思う♡」

こんな言葉を巧みに操り、上手に男性をその気にさせています。

私も、これを言われると、うまいことやられてるんじゃ⁉と、うっすら頭で分かってはいながらも、嬉しくて本当にその通りに動いてしまっていました（なりきりすぎ）。

このあたりの男性心理がわかるようになると、恋愛ではこわいものナシです！

彼から超愛されるために今からできること

ここまで書いてきたように、男性にとっても女性にとっても幸せな結婚生活を送る秘訣はズバリ、「女性でいる自分が常にハッピーでいること」。

繰り返しますが、男性に対する愛の注ぎ方は「とにかく受け取ること」。

もう、これに尽きます。

いつもハッピーに笑顔でいる。キレイで可愛くいる。自分のこうしたいをちゃんと言葉で伝え、男性にいろいろしてもらい、それに対して全力で喜ぶ。

とにかく自分が楽しむことに集中する。そんで、超楽しむ。笑顔でいる。

笑顔でいさせてくれる相手に、ただ感謝する。

これが、男性への愛の注ぎ方の、超具体的な実践編です。


今すぐにあなたが笑顔になれそうなことはなんですか？

今日は外食する、週末は素敵なデートにつれていってもらう、子どもの面倒を数時間みてもらう、洗い物をお願いするｅｔｃ……。

ワガママに甘えて実現し、彼からもっと愛されちゃいましょう。


自分のためじゃなく、あくまでも彼のために！（笑）

ワーク3
今すぐに笑顔になれそうなことを10個書き出そう

不幸そうな女が、ダメ男を作る。
男性に尽くしても意味ありません。

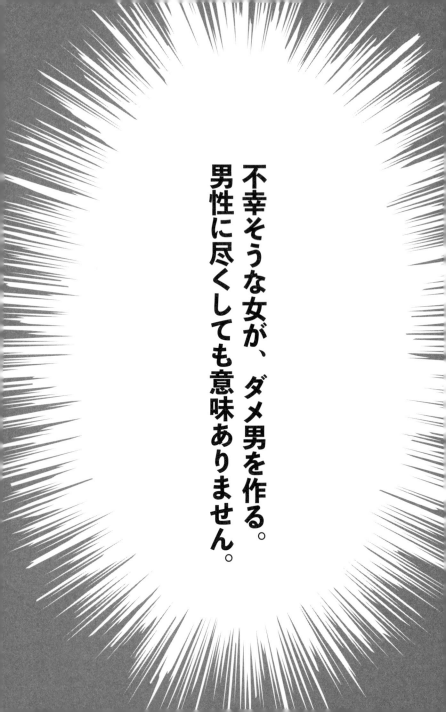

第3章

それなり女が人生を爆アゲする方法

導入編

自分だけの幸せな人生に必要なもの

7年前……当時27歳だった私は、いろいろな悩みを抱えていました。

- どうすればもっと自分の市場価値や収入が上がるんだろう
- こんな仕事ばかりの毎日で結婚や出産ができるのだろうか
- 素敵な独身男性が自分のことを好きになる可能性なんてあるのかな
- 周りにもう少し魅力的な人がいてもいいんじゃないだろうか
- でもやっぱり自分は所詮、こんなものなんだろうか
- 私は、こんなところで、このまますぶっていていいのだろうか

当時の私は、

- ◆ズルズル続いている彼氏と、別れる勇気も結婚に踏み切る勇気もない
- ◆念願の仕事に就いたはずが、こんなはずじゃなかった感がしょっちゅう頭をよぎる
- ◆なのにその仕事が忙しすぎて、新たな出会いの場に行く時間も気力もなし
- ◆にも関わらず貯金0円……どころか借金200万円（汗）
- ◆楽しみといえばネットゲームや2chやカラオケでの憂さ晴らし
- ◆徐々に太っていくことを気にしているが痩せられない

とまぁ、胸を張って「人生に大満足している!!」とは言いがたい日々。

このままでいいのかと悶々としながらも、でも自分の周りにいる人も似たり寄ったりでしかない事実に安堵してみたり、絶望してみたり……。

「私程度のレベルにしては、コレでも十分頑張ってるほう。幸せなほう」って無理矢理に自分を納得させようとする、でもきっぱりと諦める覚悟もできない……。

もっと人生を楽しんで生きている同世代がいることは知っている。

彼らと自分に、そこまで大差があるわけじゃないとも思う。でも、かといってどうしたら具体的にそうなれるのか、自分の何がいけないのかは、全くわからない。

◆もっと美人に生まれていれば……
◆もっとやりがいのある仕事に就いていれば……
◆もっといろいろ「ちゃんと」できる自分だったら……
◆もっと素敵な男性に愛されていたら……
◆もっと親が私のことを何かと否定しなければ……
◆もっとお金があって……せめて人並みに貯金があれば……

そしたら、もっと幸せな人生を送れたかもしれないけど……

って!!　今思うと自分を全否定で、ツッコミどころ満載（笑）。だけど当時はこんなふうに「自分にないもの」を探し出しては、人と比べて真剣に悩んだり、落ち込んでばかりいたんです（しかもそのアプローチ法が正しいと思ってた!!）。

全く自覚はなかったんですが、ホント自分のことが好きじゃなかったし、自分に対する自信もなかった。

全く関係ないところを直そうと頑張っては、挫折して落ち込んだり。

「持っている人」が羨ましくてどーしようもないのに、プライドが邪魔して何も行動できず、人を批判することでしか自分を保てなかった時期もあります（２ｃｈの批判ブログを見て笑うのが日課だったことも……汗）。

でもある時に気づいたんです。

「自分だけの幸せな人生」に必要なのは、自分に足りないところを補う努力でも、人に合わせての改善でもない。

自分を認めて受け入れてくれる他者の存在でも、お金でもない。

「自分を知り、自分だけの魅力で、人生を幸せに生きる勇気」

ただ、これだけだったってことに！

ここに至るまでにつぎ込んだお金・時間・労力、わりとハンパないです（笑）。

「自分は所詮、こんな程度」っていう気持ちに引きずられて何度、自分の人生を諦めそうになったか……（涙！）。

だけど、自分だけの幸せな人生は、結局自分自身の中にしかなかった。

それは自分で探し出して、自分の手でつかむしかなかったのです。

何をしても続かなかった私が天職に出会うまで

この章からは、みなさんが自分だけの魅力を見つけ、それを活かしていく方法について書きたいと思います。

私は2015年の11月に、当時勤めていた会社を辞め起業しました。
現在の主なお仕事は、女性向けのマインド改革スクールの主宰です。

仕事・起業・恋愛・結婚・育児……全ての根底となる心の土台をしっかり築きあげ、自分にしかない唯一無二の魅力を覚醒させる「魅力覚醒プログラム」という講座を開講。2年が経過していますが、講座は毎回すぐに満席に。今まで170名以上の女性の魅力を開花させてきました。

私が一ヶ月のあいだで外に出る仕事は、月に数日開講する、大好きなこのスクールのみ。それ以外の日は、だいたい家にいてブログを書いたり、本を読んだりして過ごしています。

なのに収入は会社員時代の10倍ほどになり、住まいは憧れだった六本木のタワーマンション！ 家から徒歩2分の場所に、素敵なサロンもあります。

なぜ私がこういったライフスタイルを手にいれることができたのか。

私は元々、起業したい！と強く思っていたわけじゃないのですが、28歳のときに「自分の使命」について考え始めたことがきっかけで、今に至ります。

17歳で出会ったヤンキー系の彼氏と結婚するため、駆け落ち同然で高校卒業と同時に働き始め、そこから今の仕事を始めるまでの転職回数は、実に7回！

思い返せば、高校卒業と同時に就いた携帯電話ショップの仕事からはじまり、旅行代理店、ウェイトレス、Ｗｅｂ製作、サーバー保守、一般事務、ＣＡＤオペレーター、設計士、営業、そして起業……と本当にさまざまな仕事をしてきました。

なぜこんな事になったのかというと、**それまでの私は自分の魅力を活かせる天職がわからず、ひたすらに消去法で人生を彷徨っていたから。**

しっかり自分自身と向き合い、自分の魅力を活かした仕事をできるようになったのは、28歳で営業職に転職してからです。

ターニングポイントになったのは「フランクリン・プランナー」という手帳との出会い。自己啓発の名著である『７つの習慣』という本を日々実践するために考案されたもので、その本と手帳に「**人生で成功するために一番大切なのは『主体的であること**」と書かれていたんです。

主体的であるっていうのはつまり、「自分で決める」っていうこと。

この手帳には「自分で決めた使命」を最初に書けるようになっています。その使命を達成するために、今日の自分がすべきことを毎日していけば、いつか叶う。だから最初に自分の使命を自分で決めないと全く無意味という、恐ろしい手帳なのでした。

私、この手帳に出会うまで「使命なんていうのはごく一部の、すごい人にだけあるもの」って思ってました。

自分の○○で世界を変えてやるぜーーー!!
日本一の○○を作り出してやるぜーーー!!

こんな具合に、スゴイことをやってる一部のスゴイ人達にだけ使命というものは存在していて、それ以外の普通の人には使命なんてないと思っていたんです。

ところがこの手帳を見ると、**どうやら誰にでも……つまり私にも使命ってものがあるらしい。そしてその使命は、自分で決めないといけないらしい。**

衝撃でしたね……。

それまで自分に使命がある可能性なんて考えたこともなかった私には、この欄に自分が何を書いたらいいのか検討もつかず。

ここから私の「自分の使命探し」が、始まりました。

使命なんて、趣味でいい

当時の私にとって「自分の使命を仕事にしている人」といえば、一般人とは才能も情熱もかけ離れた存在の人しかいませんでした。

例えば手塚治虫さん。漫画を書くのが大好きで大好きで、胃癌の最中でも病院のベッドの中で漫画を描きつづけたとか、数十年間も睡眠3時間で漫画を描いていたとか、そんな逸話をたくさん持つくらいに、漫画が大好きだった天才。

他にはイチローとか、スティーブ・ジョブズとか……。

天才縛りかよって当時の自分にツッコミたいですが、とにかく、何かにハマってハマってハマりきり、気付いたら世界一になっていたみたいな人しか、使命を仕事にしている人というのが思いつかなかった私。

でも手塚治虫さんだって、確かに絵の才能やストーリー作りの才能は持ってるでしょうが、その二つに関しては同じくらい才能がある人なんて、いくらでもいると思いませんか？

イチローやスティーブ・ジョブズだってそうです。天才っぽい人の伝記などを読むと、元々めちゃくちゃ才能があったというよりも、誰よりもハマって実践してきたからこそ、その道のトップになれた、という人が大半。

そう考えると、**もしかしたら才能って、スキルというよりも好きかどうかなのかもしれない。好きなことに熱中できるということが、才能なのかもしれない……。**

こう気付いたのは、私が「その人らしい魅力」について考えていたときでした。

前述した通り、私は男性から魅力的に思われる女性になるためには外見を磨くことが外せないと思っていたため、受講生に対してはメイクやファッションのアドバイスもしていたんです。このときにまず提案していたのが「自分が素敵だと思う芸能人」の真似をするということ。

このときに私、世紀の大発見をしたのです！

それは、好きな女性芸能人には、だいたいその人らしさが隠されてるということ。

清楚系の女性であれば新垣結衣さんとか清楚系の女性を選ぶし、個性的な感じのする受講生であれば、長谷川潤さんとか少し個性的な女性を選ぶ。

考えてみれば、私の場合もそうでした。

私は叶恭子さんがとても大好きで憧れているんですが、叶恭子さんを初めて見たとき、自然と「素敵だな」って思った。別に誰かに、あの人素敵だよって言われたわけでも、好きになったほうがいいよ、とか言われたわけでもない。

何を考えるわけでもなく、なんとなく素敵だなって思ってしまったんです。そう考えてみると、私って昔から清楚というよりも強そうな感じの女性のほうが好み。実際に私が人から評されるのも、いつも強そうなところ。清楚なんて、一度も言われたことありません（笑）。

でも、世の中には叶恭子さんよりも綾瀬はるかさんのほうが好きな女性もたくさんいるんですよね。どちらが優れてるとかではなく、本当に個人の感覚の問題。

このときに思ったんです。叶恭子さんが素敵なんじゃない。叶恭子さんのことを素敵だと思う「私」が素敵なんだ、って！（笑）

感情って、誰かに「こういう感情になれ」って言われてなれるものじゃないですよね。誰の指示も意見も左右されずに感じてしまうもの。

だから自分の感情って、自分にしかない、特別なギフトなんです。

さらに言えば、自分にすら支配することができない、自分だけのサンクチュアリ（聖域）なんじゃないでしょうか。だからこそ、

自分は何をしている時が一番楽しいのか。
何をしている時に一番、自分の本領が発揮できた！と思えるのか。

これがイコール自分の使命であり、魅力なんじゃないか？
そこに自分のアンテナがあるということなんじゃないか？

そう思った私は「自分は何が好きなのか」について、改めて真剣に考えました。

才能は子ども時代に隠されている

私は「子どもの頃」に、すごくその人らしさのポイントがあると思ってます。
なぜかというと、子どもって先入観や善悪の判断がほとんどないから。

子ども時代のキャラは、人によって本当にバラバラ。泣き虫な子もいれば、頑固だったり、甘えん坊だったり。1人でいるのが好きな子もいれば、人といるのが好きな子もいたり。何かを作るのが好きな子がいれば、体を動かすのが好きな子もいたり。

これって、すごくその人らしくて、その人の自然な姿だったと思うんです。

でも大きくなるにつれ「あ、こんなにみんなはすぐに泣かないんだ」って人との違いを知ったり、まわりから「○○ちゃんってホント泣き虫！」とか言われて、「ダメなんだ」とか思うようになると、どんどんその人らしさが「常識」とか「普通」っていうベールに覆われていく。

なので、今まで重ねられてきたこれらのベールを全部外して、**子どもの頃の自分をいろんな角度から掘り下げると、隠されていた本来の自分が戻ってくるんじゃないか？** と思っています。

とはいえ、例えば絵を描くのが好きだったっていう人がいたとしても、必ずしも「じゃあデザイナーが向いてるね！」「漫画家とかどう!?」とはならないんですね。「絵を描くのが好き」っていう行動だけじゃなく、どうして好きだったのか？まで掘り下げることで、いろいろと見えてきます。

絵といっても、自分で想像して書くのじゃなくて、真似するのが好きだった場合、その人はオリジナルに何かを生み出す0→1の仕事よりも、1→10のほうが向いてそうです。

あとは、実は絵そのものというよりも、どんなお家に住んで、どんな生活をして……っていう妄想を膨らませるのが好きだった場合。

その人はきっと、アイディアを出す企画の仕事とか、ストーリーを作るのが得意なんじゃない？とかなるわけです。

ちなみに私が5歳ころに何をしていたかというと、私はすごくませた子だったので、既に結婚の約束をしてる男の子が何人もいまして(笑)。中でも同じマンションの男の子とはラブラブで、みんなは鬼ごっことかして遊んでるのに、私はその子と二人でお部屋でずーっとお話。

「○○くんは、何色が好き？」「私はね、青が好き～♡」

「○○くんの一番好きな食べ物はなに～？」

とか延々と相手を掘り下げてたんです。今してることと、ほぼ一緒(笑)。

皆さんはどうでしょうか?

ワーク4

自分の「好き」から才能を掘り下げよう

「10才まで」「10代で」「20代で」の各年代で

・何をしてるのが楽しかった?

・そのどんなところが、どう楽しかった?

・味わった感情の共通点は?

使命はまず決めることに価値がある

もう一つ、自分の好きを掘り下げるのに役立ったのが「一番充実していた仕事」についてです。どんな仕事をしている時に、自分が輝いていたのか。さらに、どう充実感を感じたのか。これについても、じっくり掘り下げました。

私の場合だと、営業で自分のプランを客先に提案して、皆さんに納得して頂いたとき。そして、大勢の前でプレゼンをするとき。みんなにスゴイ!と言われるとき。これらの時は間違いなく、私めちゃくちゃ輝いていたと思うし、とても充実感も感じたんです。

またこれ以外の充実していたときをいろいろ考えてみても、共通点は「人と話すこと」。これが何よりも好きだということを、自分で再発見しました。

そう考えると、設計職は向いてなかった……。

私は1人で黙々と考えたり、コツコツ作業するのがとても苦手なんです。設計職のときもいちばん楽しかったのは、客先で大勢の前でプレゼンするとき！

ちなみに、夫に「輝いてたとき」を聞いてみたら、「問題を解決したとき」でした。彼はエンジニアなので「コレなんとかできないかな」っていうのを、自分の力で解決したり、調べて正解が見つかったときに、すごく喜びを感じるらしいです。

私も設計職で何百回も同じようなことがあったけど、疲れた記憶しかない（笑）。だから仮に同じような職業で同じ経験をしていたとしても、人が楽しさを感じるポイントって、本当にそれぞれ違うんです。そこにあなただけのアンテナがある。

人って、好きなことや楽しいことなら、たくさんやっても疲れないんですよね。

それに主体的に考えてどんどん試行錯誤するから、結果も出る。
結果が出るから、さらに好きになって、さらに結果が出るという、正のスパイラルが起きるんです。

かの有名なトーマス・エジソンも、こんな言葉を残してます。

I never did a day's work in my life. It was all fun.

〜私は一日たりとも、いわゆる労働などしたことがない。何をやっても楽しくてたまらないからだ〜

こんな状態って最高だと思いませんか？

そんなわけで、このときに私は自分の使命を決めました。
それは営業としてトップになること、つまり当時の会社の社長になること。
そして私を育ててくれた建設業界で、確固たる地位を築くこと。
でも結局、私は育休中に起業して会社を退職してしまうので、使命だったはずの私の夢はあっさりなくなったのですが（笑）。でも使命って意外とそんなもん。

面白いことに、自分の仕事との向き合い方が変わると、同じ仕事でも全く意識が変わるんですよね。私も、それまでは「やらされ感」が半端なかった仕事が、とってもやりがいのあるものに変わりました。

私の使命も結局は変わったものの、一度決め打ちしていたからこそ、そのあとの起業に繋がったので、「決めること自体」にとても価値があったんだと思います。

ワーク5

使命と仕事を考えてみよう

・今までで充実していた仕事や役割はなんですか？

・それが使命だとすると、今後どんな方向に進めば日々が充実しそうですか？

パーフェクト人間に需要なし

私は以前、才能や魅力に関してとても重大な2つの勘違いをしていました。

まず一つめは「自分の魅力って、人が決めるものだと思ってた」っていうこと。

そうやって考えていると、人と比べて優れているとみんなが認めてくれそうなことしか、自分の魅力だと言えないんですよね。

でも違うんです。**実際は、使命も魅力も、自分で勝手に決めるだけだったんです。**

魅力って、自分の感情に隠されてるんだから、自分が素敵だと思うことは全部すなわち自分の魅力でいいんです！


そしてもう一つは、「魅力ってパーフェクトさだと思ってた」こと。

それまでは私、世界ってピラミッドみたいになってて、いかにしてそのピラミッドの上のほうにいけるか?が人生だと思ってました。さらに、全てできる人が「ピラミッドの頂点」にいけると思ってたんです。

でも違ったんです! 漫画のキャラクターを見ても、活躍するのって、たいていは得意と不得意がバッチリ分かれてるキャラたち。

みんなの能力がばらばらだからこそ、力を合わせて大きなことを実現できる。

全てがオールマイティーにできるキャラって、実はほとんどいないし、いたとしてもあまり需要がない(笑)。

なんでもできる出来杉君が映画に出ちゃうと、他のキャラの魅力が活きない。だから**出来杉君は永遠に「ドラえもん」映画には出られないし、ずっとサブキャラ止まりなんですよ!** それなのに現実世界では人って、ついついパーフェクトを目指しちゃう。

でも得意と不得意がバッチリ分かれてるからこそ、メインキャラになれるんです。

堂々と「美人として生きる」ことを決めてみた

同様に、私、「美人」ということについても、人が決めるもの、そしてパーフェクトさだと思ってました。芸能人とかモデルみたいな、目鼻立ちが超〜整った人のように。

私の場合、目も離れているし、鼻も低いし、口元も出ているし、背は低いし、顔は大きいし、お腹も出ているし、ニセ二重だし……（10年間毎日アイプチやらマッサージやら続けて二重になりました）。

自分が「残念な外見」だっていうことは、もう30年以上、ずーっといろんな人に言われ続けてきたし、なにより自分が一番よく分かってたので、自分のことは「美人と対極にいる人」だってずっと認識してたんです。

私はＳＮＳを始めた当初から自撮りを載せていたけれど、それは決して自分の外見に自信があったからじゃなく。

見た人に「こんな程度の外見の人でも愛されるなら、私だって！」って自信をもってもらえると思ってたからなんです。


でも、ここで私の予想に反したことが起こります。なんと、意外と外見を褒められはじめてしまったんです。

最初は冗談としか思えませんでした（笑）。でも今ならわかります。

キレイって言われるようになったのは多分、堂々と自撮り写真をＵＰしてたから。あと、常に笑顔で楽しそうにしてたから。


そんで、キレイって言われても謙遜することなく、ブスって言われてもめげることなく、超堂々と振舞っているうちに、私は図らずも「美人として生きる」ことを選択していたんですよね。

どんなに目鼻立ちが整っていても、自分のことを綺麗だと思ってなくて、心から自分に自信を持って笑っていない人って、やっぱり綺麗じゃないんです。

外見の美しさでさえも、まずは自分が認めることが一番大切。

まず自分が自分の素晴らしさを最高と認め、さらに他者から「わーアイツあんなレベルで自信持っちゃってんのかよ」「自分のこと美人とか思ってるよね、実際はたいしたことないのにさ」などと言われることに対し、全てはねのけ、気にしない覚悟を持つ。

誰になんと言われようが、
「私キレイだもん！　かわいいもん！」
と自分だけは自分を信じる。

それが、自分の魅力を認める第一歩です。

才能は「好き」からしか開花しない。
パーフェクト人間には需要なし！

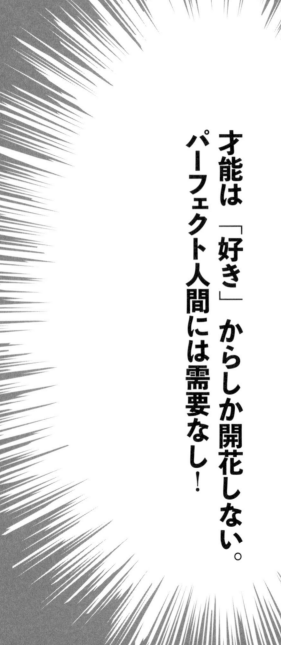

第4章

それなり女が人生を爆アゲする方法

基本編

呪縛は壮大すぎる思い違い⁉

ここまでいろんな持論を展開してきましたが、全編を通して私が伝えたいのは、「自分の思い通りに生きよう」ということ。

言葉でいうのは簡単なのですが、これが本当に難しい‼

はっきり言います。**自分の好きなように生きられない、我慢してしまう、無理をしてしまう人の原因は、全て「他人を信頼してないから」**。

他人を信頼しないと、他人に責められると思い込みます。その結果、いろいろと自分や人に制限をつけ、正しさを追求してしまうのです。

そして、**他人を信頼できない理由。それは親を信頼していないから**。

親っていうのは、自分の人生で最初に関わる他人。そしておそらく、この世の中で自分のことを一番信頼し、愛し、何があっても応援してくれるはずの存在。その親にすら言いたいことが言えず、どう思われるか気になるようでは、他人の目を気にせず生きるなんてことは不可能だと思いませんか？


冒頭で、いろんな思い込みに縛られていた私も、まさにそうでした。

親をはじめとする他人を全く信頼していなかったんです。

全て完璧にできていなければ、人に認められる自分でなければ、周囲の人に糾弾されると思っていました。

しかしあるとき母親に対する見方が変わって、そこから私の思考、さらに人生が大きく変わります。


他人を信頼できるようになり、自分にも全てＯＫを出せるようになったんです。


では、具体的にどのようにして母親に対する見方を変えたのか。

私の例を参考に紹介するので、ちょっと長いですが、自分の親はどうだったかな～と振り返りながらお付き合いください！

私は「自分の魅力を認める」、つまり「自分を愛する」っていうことと向き合ったときに、まず「愛ってなんだろう?」って考えました。そうして、究極の愛っていうのは「親の赤ちゃんに対する愛情」なんじゃないかと思い至ったのです。

赤ちゃんって、自分ではなにもできない。着替えも食事も自分でできないから、やってあげるしかない。でも「もうちょっとうまくご飯たべれたら、この子のこともっと好きになるのになー」とか思わないですよね?

あとは、「こんなことしてほしいな」とも思わない。何も求めないし「何かができないからダメ」とか一切なく、何も出来なくていい。ただ幸せでいてほしい。これが、究極の愛だと思ったんです。

そして、**その愛情を誰よりも注いでくれてたのは、やっぱり母親だと思いました。**もしここで「そうかな?」って引っかかる人は、お母さんからの愛を100%感じられてない可能性があると思います。

それ、正に私がそうだったから!!

私が母からの愛を１００％「ああ、ほんとうに私が幸せでいるだけで、それで良かったんだ」って受け取れるようになったのって、ホントここ数年です。

私は子どもの頃からすごく厳しく育てられたんです。

うちの母親って、もしも「世間体を気にしてる親・全日本選手権」があったらランキング入りしちゃうんじゃないか?ってくらい、なかなかに強烈で。

私は小学校の時は週４で塾通いをしたり、門限が16時半だったり、お小遣いもすごく少なくて、スカート丈まで母親に決められていました。

なにかっていうとすぐ「あの子はこんなにいい子なのに、あんたはどうしてそうなの⁉」って、人と比べられてばかり。

褒められるのは、お母さんのお眼鏡にかなったときだけ。

いい成績をとったり、真面目になにかをしたり。

私が自分のしたいようにしたときは、常に全否定。

私は所詮、お母さんの成果物。

ずっとこのように思って生きてきました。


私がいい子に育って、優秀な大学へ行って、いい会社に入ったら、それはお母さんの手柄になる。

だからお母さんはそうしたいんでしょ？って、ずっと思ってたんです。

だって、私がなにか悪いことしたら「あんたがそんなことしたらママが人になんか言われるでしょ」って、怒ってくるわけですよ。

だから「あ、私のこと心配してるんじゃなくて、お母さんのためなんだな」って、ずっと思ってたんですよね。


私はそれがとてつもなく嫌で、**10代後半に暴走しました。高校2年のときにヤンキーみたいな男性と出会い「ここに私の自由がある！」とガングロギャル化！**

進学校だったのですが、学校にも行かず家出を繰り返し、大学受験もやめて高校卒業と同時に駆け落ちして同棲。スウェット姿でパチンコ屋に入り浸る日々。その彼氏がニート化さえしなければ、無事に10代で2人くらいは出産してたと思います。

同級生はみんないい大学へ行って、いい会社へ入っていたので、ゼミも就活も経験のない私は、ひとりだけ話が全然合わず（涙）、この10年間は割と辛かったです。

そのころは「**お母さんがあんなに厳しくしなければ、私も今頃はふつうに大学行ってふつうに楽しい人生送ってたのに!!**」って、**ずっと母親を恨んでました。**

でも、それをバネにして頑張れたっていうのもあり、10年くらいもがいて、28歳くらいでようやく高校の同級生と同等の給料を手にできるようになって。

それまでずっと母に「大学行けばよかったのに」と言われ続け、私はその度に「アンタのせいでしょーが！」って言いたいのをぐっとこらえてきてたので、これでようやく母を見返せたような気分になりました。

んで、そこからは、恨みもあるけど、まぁ許してあげてもいいかな?くらいの気持ちになったんです。

母親のことを、「人としてはどうかと思うけど、所詮こういう人なんだからしょうがない」って思って。諦めに近いような気持ちというのが、分かりやすいと思います。

でもあるときに「そもそもお母さんって、なんでそういう育て方をしたんだろう?」って考え直すことがあったんです。

なんで母親は、あんなに勉強とか、世間体にこだわったんだろう――

浮かび上がってきたのは、母の20歳前後のこと。うちの母って高校のときに、ある職業につきたいという夢があったんです。そのためには四大を出なきゃいけないんだけど、祖父と祖母は「女は四大なんて出なくていい」って考えだったから行かせてもらえなかった。

「短大だけは行かせて」って頼み込んでなんとか行かせてもらって就職したけど、やっぱり本当につきたかった職業じゃない。だから「四大さえ行かせてもらってれば」っていう気持ちがずっとあったのかも、って。

そこで、たぶん母親はこう思ったんでしょう。女でも幸せになる為には四大が必須。じゃないと理想とする職業につけなくて、辛い思いをする。我が子にだけは同じような思いは絶対にさせちゃいけない、と……。

だから、なにがなんでも大学に行かせようと思って、私のために幼児教育をしたり、塾の送り迎えして、お弁当作って……っていうことを一生懸命やってくれてたんだな、って気付いたんですよ。

それまではずっと、ただお母さんが「うちの子は優秀な大学を出たのよ～」とか言いたいからだとしか思ってませんでした。

だけど全部私のためだったなんて！

これは一つめの衝撃でした。

母親が願っていたのは私の幸せだけだった

とはいえ10年間の恨みつらみはそんな一瞬で「あ、そっか、あれ、愛だったんだ〜！」なんて納得できるわけもなく（笑）、3日間ぐらいは「そうなのかなー、でもやっぱりあの人は世間体を気にする人だしー」って思案してたんです。

で、ここで、さらにもう一つのことを思い出しました。

それは、かつての母親は世間体を気にする人じゃなかった、ということ。

昔はバンド組んでオーディション番組に出たり、私が赤ちゃんのときはベビーカーじゃなくてカゴに入れて、そのまま車の助手席に乗せて運転して出かけるとか、「私って自由でしょ？」って感じの人だったんですよね。

なのに、いつから世間体を気にするようになったんだろう――。

思い返したら多分、引越したときでした。うちの母は北海道で生まれ育ってるんです。北海道ってすごくおおらかな土地で、思ったことをそのままズバズバ言っちゃうし、空気を読む人も少ない気がします。

母はそのライフスタイルのまま、父の転勤で30代の時に埼玉のマンションに引越してきたのですが、周囲の人と少しなじみにくかったみたいでした。当時7歳だった私も、埼玉に引越してすぐに学校でいじめられて。

そのときに母親は、北海道のライフスタイルのままでいると私が傷つく、って思ったのかもしれません。

もっと周りの人を意識して、気をつかうことを覚えなきゃいけない、と。そこから、私を傷つけないようにするため、自分のライフスタイルを変えたのかもしれないと思い至りました。

大抵の人は、自分の子どもには、自由にのびのびと、その子らしく生きてほしいと思ってますよね。

だけど実際は「自由になんでもしていいよ」っていうお母さんは少ない。それは多分、我が子を傷つけないために、世間体を気にするように変わるからなんじゃないか？　と初めて気付いたのです。

ここで２つのワークをしましょう。

ワーク6
両親は、あなたがどんな女性として育つことを望んでましたか？

だいたいの受講生の答えはこんな感じ。いい会社に入ったり、親の会社を継いだり、教師になって……とか世間で良しとされている職業に就いて、適齢期で素敵な男性と結婚。安定して子どもを2～3人産む人生、などなど。みなさんはどうですか？

ワーク7

あなたは自分の子どもに、どんな人生を送ってほしいですか？

ここで多い回答は、自分の好きな人生を歩んでほしいとか、とにかく幸せに笑顔であったらそれでいいとか。みなさん、きっと同じような答えじゃないでしょうか。

なぜワーク7と8の答えにズレがあるのか。

ここにこそ、大きな勘違いが隠されているのです。

親が本当に望んでいたのはあなたの幸せだけ。

その他の条件はそれを表現する形として言っていただけ。

だって、「自分の好きなことを自由にしてほしい」って考える女性でも、もしも我が子が「戦場カメラマンになって紛争地帯に行きたい」とか言い出したら、全力で止めちゃいませんか？　これは極端な例ですが、安定した職業を勧めるっていうのも、本質的には同じことだと思うのです。

両親は、きっと子どもには自分の人生経験から編み出した「幸せになる確率が高そうな選択肢」を提案したくなってしまうものなのだと思います。

結婚や出産を勧めるのなんて、最たるものでしょう。いろいろあっても、やっぱりお母さんにとっては結婚して出産し、子育てをした経験がとても幸せだったから、子どもにもその幸せを提案したくなるのだと思います。

でも、それはあくまでもオプションであって、必須と考えてるわけではない。

子ども本人が幸せだったら、たとえすごい仕事に就いてなくても、結婚も出産もし

なくても、それでいい。

なのに、子どもはその選択肢を必須だと考えて、罪悪感を感じてしまう。

これ、けっこう衝撃じゃないですか？

私のようなケース以外の場合でも当てはまります。

例えば、すごく仕事に忙しいお母さんで、あんまり話を聞いてくれなかったとか。これについても、「なんでお母さんそんなに働いてたんだろう？」って振り返ると、本当はお母さんも子どもといたかったけど、なんとか進学させるために仕事を頑張ってたのかもしれません。

どうでしょう。もし理解できたらぜひご両親に直接聞いて確かめてみてください。

親と面と向き合って「本当にそうだったんだ」ってことが腑に落ちると、世の中の人に対する見方が１８０度変わってきます。

「愛されてない」なんてありえない

自分の親の「なんで⁉」な行動が、すべて自分のためだった、なんて……。

「いやいやいや、でも……」って認められない場合は、親からの愛情はもちろん、男性からの愛情も受け取れていない可能性が大です。

愛情を受け取れないっていうことは、自分の中で勝手な「愛の定義」があるっていうこと。

例えば私の場合は自分の好きなようにやることを全て応援してくれるのが愛情だ、って、ずっと思ってました。

これってつまり「私の思う愛情はこういう形なんで、この形にスポッとはまらないと、愛情認定しないですからねー」と主張しているってこと。

だからその形に当てはまらない、お母さんが私のためを思ってしてたことを、それまでの私はぜんぶ捨ててたんです。

私のほしい形の愛情ではない！と思って。

男性からの愛情もまったく同じ。私は以前、自分のわがままを聞いてくれるのが愛情だと思っていました。だから、なんで自分のことを好きなのに「こうしてほしい」っていう願いを聞いてくれないんだろう、ってずっと不満に思ってたんです。

それもまさに、「私がほしい愛情は『これ』です」って限定してたのと同じ。

そのことに気づいてからは、**自分が望んでない形でも、人が愛情をもってしてくれることは受け取れるようになりました。**

私は以前、尊敬する起業家であるＳＨＯＷＲＯＯＭ株式会社代表の前田裕二さんをお招きして、トークライブを主催しました。

前田さんは諸事情により、お母様と過ごされたのは物心ついてからたったの4年程度。それでも、ご自分のことを「ものすごく愛情を受けて育った」と断言されていたんですよね。はっきり言って私がもし前田さんと同じ境遇に生まれ育っていたら、「自分はものすごく愛情を注がれて育った」とは言えないんじゃないか?と思います。

でも私はこのお話を伺って、**どんな風に育てられても、自分次第で愛情があったと受け取ることは可能なのだと、改めて確信しました。**

だって実際に、私は前田さんより遙かにたくさんの時間を親と過ごし、たくさんの行為を親から受けていたはずなのに、全く愛情を受け取れていなかったわけですから。

愛の形と大きさは、差し出す側ではなく、受け取り手次第で変わります。

両親やパートナーの愛の形を一度、そのまま「大きな愛」と仮定して、受け取ってみてください。なぜ相手がそうしたのか。そこにどんな愛情があったのか。

これが腑に落ちると、世界の見え方は本当に変わります。

育児すら自己犠牲ゼロ、したいときだけでOK！

私はこうして、親やパートナー、他人を信頼できるようになったことで、人にどう思われるか?を気にすることなく、自分がやりたいことをできるようになりました。

それは子育てにおいても、同様で。

子育てって普通は、自分がしたいことよりも人を優先させる行為の、最たるものだ

と思いませんか？

出産前、私は子育てとは母親の究極の自己犠牲行為だと思ってました。

子どものためなら自分のことは後回し、それが母親。子どものためなら、ツラさも苦しさも全部耐えられる、それが母親。死ぬほど疲れても子どもの寝顔を見ると疲れが吹っ飛んで明日も頑張ろうなんてそんな気になれちゃう、それが母親。

我が子のためにどれだけ自分を犠牲にしたかが、どれだけ良い母親なのかの尺度。そうでなければならないし、また母親というのはそういうもの。

これがも〜、私にとってはものすごく脅威でした。

どう贔屓目に考えてみても、私にそんな慈愛の心がちゃんとプリセットされているとは思えなかったし、きっと私なりに頑張って良い母親を目指して育ててはみるものの、そこは所詮ツメの甘い私。

世間様が求める「まっとうな母親」レベルには到底及ばず、「母親としての自覚がない！」なんつって社会や保育園や、あと一番はやっぱ自分の母親らへんに糾弾されまくるんだろうなー。嫌だなー。とか超〜思ってました。今なら子育ては自己犠牲ではないと分かりますが、当時は真剣にそう思っていたんです。

でもそんな**私はかれこれ3年、自分のことを最優先する子育てを実践しています**が、たまに批判はされるものの、それの１００倍くらい沢山の方から応援をいただいています。

糾弾されると思っていたのは、やっぱり私だけなんですよね（笑）。
夫だけじゃなく、両親、義両親含め、世間の人たちって、もっとずっと優しかった。

良い母親なんて目指しても無意味

私が結婚生活において一番大切にしているのは、娘を預けてデートする時間です。娘が生後3ヶ月の頃から欠かさず習慣にしていて、休日デートと夜デートで、だいたい月2回はデートしています。

出産後、一度も二人でデートしてない夫婦って多いようなのですが、私は子どもを預けてのデートは、夫婦の関係維持にとても大切だと思ってます。

二人で美味しいご飯やお酒を楽しみながら、色々話をするというのは、最高の息抜きになりますし、子育てや将来や仕事のこととかをじっくり真剣に話し合える、貴重な時間でもあるのです。

私は、母親になっても、自分一人だけでして楽しいこと、夫婦二人だけでして楽しいこと、家族みんなでして楽しいことってのがそれぞれ独立して存在しててぃいし、**むしろ結婚して子どもを産むというのは、楽しみ方の選択肢を増やす行為でしかないんじゃないかと思っています。**

楽しみ方に、いろんなバリエーションが選べる！っていうことが、実は結婚して子育てすることの、本当の醍醐味なんじゃないか？って。

子育て中のママの悩みを聞くと「夫があまり父親としての自覚がなくて……」とか、まー結構あるあるな相談なんですが、私は逆に、妻サイドに母親としての自覚がありすぎるんじゃないか？って思います。

男性は、自分一人での幸せ、夫婦としての幸せ、家族としての幸せ、それぞれを普通に独立させて考えてるのに、**女性は母親になった瞬間に自分の幸せを全て「母親としての幸せ」に統一させようとしてしまいがちですよね。**

でも本来、そこは統一する必要なんてどこにもない。なんなら自分が母親であることを忘れちゃう日が週に一回くらいあっても、いいんじゃないかって思うのです。

私は周りの人や世間から「良い母親」だと思われようとすることを捨てました。

なので「良い母親」であれば普通はしなさそうなことでも、自分がしたいことは何でもしています。

ベビーシッターや夫に子どもをお願いして毎週飲みにいくし、毎月国内外へ旅行に行くし、エステやネイルにも行く。月に2回は夫と二人でデートもする。家事は一切しない。

「母親になっても、自分がしたいことはなんでもできる」と知ることができたのは、出

産して良かったことの一つでした。

私の子育ての理念はなんといっても、「子どもが自分らしく幸せに人生を楽しめるよう手助けすること」。

そして、そのためには母親である自分自身が、お手本になるレベルで人生を楽しみたいと考えてます。

だから私としては、我が子が一番幸せになるであろう方法を自分の考えに基づいて実践してるだけなので、誰に何を言われようが、変える気はないのですが。

でもこのことで、私はいつか困ることになるかもしれません。

私は普通の母親よりも外に出掛けていることがかなり多いし、家で子どもを一人で遊ばせて横で仕事をしていることも多いし。

そのことで、思春期になった我が子が何か言ってくるだろうな〜って。

「ママなんてまともに料理も作ってくれない、洗濯もしてくれたこともない」

「ママはいっつも仕事や自分に夢中で、私のことなんて全然愛してない」


もしくは私の気を引くために他人に迷惑をかけてみたり、トラブルを起こしてみたり、逆に私に迷惑をかけちゃダメって思うあまり私の顔色を必要以上に伺う子に育ったり？　どうなるかわかりません。


でも、だからといって、**仕事や自分の楽しみをセーブしてまで子どものために家事したり、一緒にいる時間を増やそうなんて一ミリも思ってません。**

だって、そうしたらそうしたで、どうせ別の不満が出てくると思ってるから。


「ママはいっつも家のことしかしてなくて、私に自分の人生を委ねてきて重い」

「○○ちゃんのママは仕事してお金持っててイキイキしてる。なのに、ママはお金なくて不幸そうで嫌」とか。

母親に対する不満なんて、作ろうと思えばいくらでも作ることが可能なんです。
自分自身がまさにそうだったから本当によく分かる。

私は自分の人生がうまくいっていないときは、全てを母親のせいにしてました。

◆母が厳しすぎたから私はグレて大学に行けなかった
◆母がワガママだから私もワガママになったんだ
◆母と父が仲良すぎたからそんな相手いないって思って結婚できない、とか。

でも人生を幸せに感じだすと、これが全部逆転したんです。

◆大学に行かなかったおかげでいろんな経験ができた
◆母が自分に自信ある人だから私もそうなれたんだ
◆母と父の仲が良かったから、私もそれが当たり前と思えたんだ、とかね。

これに気づいたときは、また衝撃でした。このときに私は本当の意味で**「娘の気持ちを考えて何かをするのはやめよう」**って思ったんです。

だって、全く意味がないから！

私がどのように育てようが、娘の人生がうまくいっていないときは全部、私のせいになるし、うまくいっているときは全部、娘自身のおかげになる。

娘にはそうする権利があるし、私にはそれを制限する余地はない。
私のことなんて思いっきり恨めばいいいし、感謝なんて全然しなくていい。

ホント子育てしてつくづく思います。
親にできることなんてマジで何もないって！

自分が幸せにいるくらいしか、できることないと思っています。

親の愛情を信じられなければ
他人を信じることなんて不可能。

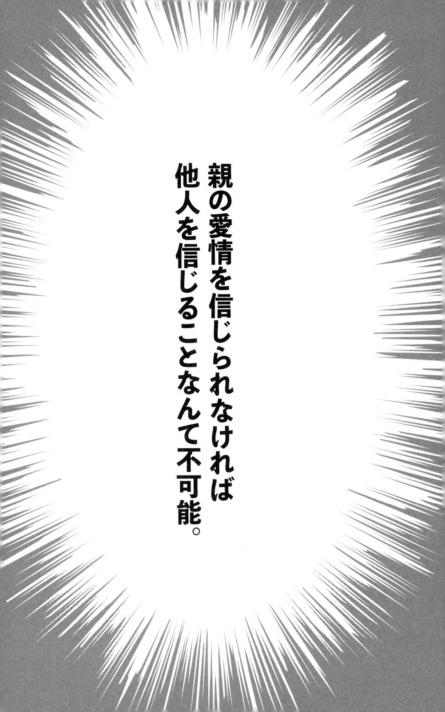

第5章

お金に我慢しない生き方

20代後半までは自転車操業

「やりたいことやるためには、お金ってどうするの？」

ここからは、そんな話をしてきましょう。今お金に振り回されてる方も、ぜひご一読ください。

私は長らく貧しい人生を歩んできました。高卒ではじめて働きはじめた携帯ショップは、手取り14万円。そこからいろいろ転職するんですけど、**20代後半まで収入が20万を超えたことは一度もありませんでした。**

いちばんお金がなかったのは27歳で夜間の専門学校を卒業したあとくらい。学校に行くためには会社を4時半で早退しないといけなくて、そうすると手取りが14万ぐらいになっちゃうんです。それで普通に生活してたら月々3、4万ずつぐらい足りないので、借金で補ってました。当時の借金は200万くらいはあったと思います。

って、そのうち約70万は例のヤンキー彼氏に貸してた借金なんですけどね！（笑）彼はパチンコが大好きだったので、そのお金を貸してました（笑）。

そういうもんだと思ってたんですよね〜。「私高卒だから、給料安くてもしょうがないんだな」「彼にお金を貸すのも、まぁしょうがないよな」って。

でもそんな私でも、前述の営業職に就いてからは、年収がMAXで550万ぐらいになったんですよ！

自分の能力をちゃんと活かせば、高卒とか関係なかった。

お金は我慢代じゃなくて勇気代

そもそも**世の中の大半の人は「我慢と努力を混同してる」**と思うんです。
世の中で「努力」だと思われていることは、おそらく大半が単なる「我慢」。

- 毎日決まった時間に会社に行くのとか
- 毎朝、満員電車で通勤するのとか
- 体調が少しくらい悪くても仕事に行くのとか
- 給料めっちゃ安いのに文句も言わず働くのとか
- 興味ない仕事にでも真面目に取り組むのとか
- お金を節約して一生懸命やりくりするのとか

◆欲しいものを自分にはもったいないって買わないのとか
◆好きでもない男性の誘いを断れずデートに行くのとか
◆友達のネガティブな愚痴に延々と付き合うのとか
◆行きたくない会社の飲み会に参加するのとか
◆苦手な掃除や洗濯をせっせと頑張るのとか

これら全部、努力ではなく単なる我慢だと思います。**努力と我慢は、全然違います。**

努力っていうのは、もっと楽しみながら自分を成長させられること。

◆キレイになるためにエステに通ったり
◆新しい出会いの場に飛び込んでみたり
◆好きな映画や漫画を読んでセンスを磨いたり
◆興味のある事柄についてネットサーフィンしたり
◆なんとか時間をやりくりして会いたい人に会いにいったり

こういうのが、自分を成長させる真の努力だと私は思います。

努力は必ず報われます。

でも**我慢なんていくらしたところで、マジで報われないですからね。**

単に「好きでしてるんでしょ」って思われて終わりなんだから、もうホント、我慢なんかするのやめましょーーーーー!!


私たちは今まで、親からも学校でも会社でもニュースでも至るところで「お金というものは我慢費である」って、相当叩き込まれてきました。

だから今まで勉強や仕事をずっと頑張ってきたわけだし、より豊かになるために、今日現在でも、さらに頑張ろうとしているわけですよね。


でも私はあることを発見してしまったんです。

それは、この「お金=我慢費」という公式、高度成長期なら成り立ったんだけど、今の時代にはもう成り立たないということ！

我慢して頑張ればお金が入ってくる時代は、多分もう終わっちゃったんですよね。それに変わる新しい公式は「お金＝勇気費」!!

我慢をしてもお金が増えるとは限らない。
だけど、正しく勇気を出せば、お金は確実に増える。

具体例で言えば、
◆今より責任のあるポジションに就いたり
◆違う業界や会社に転職したり
◆上司に昇給の交渉をしたり
◆思い切って起業したり
◆副業を会社バレを気にしながらはじめたり
◆ブログやインスタで自分の想いやセンスを発信したり
◆お金持ちの男性にアプローチしたり
◆親とかにお金を借りてみたり

これらに共通する必須要素って、我慢というよりも勇気ですよね？

まずは勇気を出して大風呂敷を先に広げちゃってから、あとから中身を努力で見繕う、みたいな。努力も必要ですが、その前にまず勇気なんです。


起業してる人はなおさらですよね。まず勇気を出して高い金額を設定したり、大きなイベント会場を押さえたりしたら、まぁ確実に勇気出さないときよりも、お金が入ってくる可能性は上がるじゃないですか。


なので「**自分はお金のために毎日努力してるのにイマイチ報われていない気がする**」**って思う人は、自分はお金のために毎日勇気を出せているのか？**っていう観点で考えてみてください。

どうしたら自分にお金が入ってくるのか、見つかるかもしれません。

ちなみに私が一番オススメしているのは、親に借りることです（笑）。

親に借りると、意外とちょいちょい「踏み倒していいよ」的な発言があるものなので。そのサインをキャッチして「ありがとう♡」って言えば、借金チャラですよ～。
それか「一応返してるよ」というポーズで月５０００円ずつ返すとか（笑）。

大事なのは「使う勇気」よりも「貰う勇気」

ここでまた、お金についてよくいただく質問です。

「使ったら入ってくるという話を信じて、私はこの３ヶ月間にお金を使いまくりましたが（グリーン車とかセミナー）、その分入ってくる的なことが全くなく、なんなら減り続け、最近は節約を始めました。行動がよくなかったのでしょうか」

簡単に言えば使う方の勇気だけ出して貰う方の勇気は出してないだからだと思うのですよね。

自ら貰いにいくのですよ、お金は。天から降ってくるわけではないのです。

自分から「お金欲しいです!!」って言わない人に「あなた、ひょっとしてお金欲しくないですか!?」なんて聞いてくれる人、誰もいないから。

「お金欲しいです！」って決意表明して初めて、「じゃあ差し上げましょうか？」って話になる。だから、貰うための行動をしてますか？って話です。

もし、これをがめついと思うのなら、あなたはやっぱりお金=我慢して稼ぐものって思ってるのだと思います。

あと、**セミナーや書籍に使うのは投資、遊びに使うのは消費**ではないですからね!!

いくら学びっぽいことに使ってもその費用が回収できなければ単なる消費です。

お金は、使うときも勇気がいるけれど。貰うときはもっと勇気がいるものです。だからいきなり「貰う勇気」を出す、というのはハードルが高いので、まずは「使う勇気」から出してみよう、というのが、つまるところ「お金が入ってくるようになるにはまずは出すこと」とかいう話になるのだと思うのです。

よって、「使う勇気」だけで終わってしまっては、当然ですが普通にお金がなくなって終わりです。せっかく「使う勇気」を出したんだから、次のステップ「貰う勇気」を出してみましょう～。

今は一時的にお金は少し減ったかもしれないけれど、何も使っていない時に比べて、精神面では着実に鍛えられて前進してますから大丈夫です。

せっかく使ったお金、消費で終わらせずに投資に変えましょう。

そして私は、とにかく興味があるものは試す、ほしいと思ったものはすぐに買う、そのとき中途半端に値段で妥協しないことを推奨しています。

例えば私の場合、前の家に引越したときも、今の家に引越したときも、そのときの自分にとっての「住みたい家」ってのが、それまでの2倍の家賃だったんです。

だからめちゃくちゃ悩みました。本当に大丈夫?……って。でも私には、

「欲しいけど高いからどうしよう……って悩めるものは買える」

という持論がありまして。

だって私、100万以上のバーキンとかは、欲しいとすら思えないですからね。もったいないとしか思えない。人って本当に無理なものは悩みすらしないと思いません?

だから、思考では「検討の余地に入る時点でイケるってことなんだよね……」とは

思いつつも、感情的には大丈夫とは一ミリも思えない、という……。

それでもそんなドキドキ感が半端ない中で、毎回引越しをしてきたことで、人生がどんどん変わってきました。

こういった、お金を遣うのが怖いという悩みを乗り越えるのに、めちゃくちゃ効果的ですごく楽しい方法があるのでシェアしますね。

それは、「スーパーで値段を見ずに買い物をすること」。

これ、普段から価格で価値を決めてる人にとっては相当ドキドキするはずです。

まずは今日の夕食から、本当に食べたいものを食べてみてはどうでしょうか。

選択基準をお金にしている限り、ほんとうに欲しいものは手に入らないし、ほんとうにしたい経験もできないんです。

安かったら買う、安かったらやる、って決めたものって、絶対に一番ほしいもの、やりたいことじゃない。優先順位の一番上は自分の気持ちにしてなんぼですよ！

お金は我慢代じゃなくて勇気代！
「貰う勇気」を出しましょう。

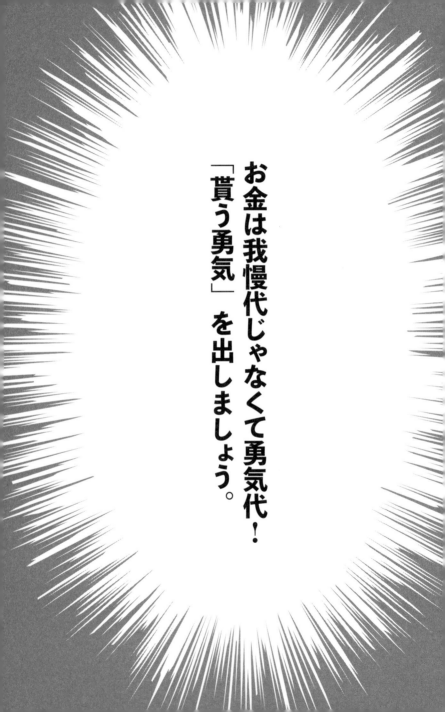

第6章
やりたいことしか
やっちゃダメ!

苦手なことは人に丸投げしちゃおう！

ここからはいよいよ、やりたいことをやるための具体的な方法です。
それはまず、「**嫌なことをやめること**」。

以前は私、苦手なことでも努力してできるようにならなきゃいけないと思ってました。でも、もしかしたら違うのかも？って思ったきっかけ、それは『ストレングスファインダー』という本との出会いでした。

人にはそれぞれ強みがあって、それは人によって違う、ってことが書いてあって、自分の強みを発掘できるテストもついた1冊。

私、この本を読んで感動して、当時、自分の職場の上司や部下、みんなにこの本をプレゼントしてテストに取り組んでもらっていました。

そしたら見事に強みってバラバラだったんです。

それ以来、私は、**自分が苦手なことはもう人に任せて、とにかく自分が得意なこと、好きな事だけしようと決意！**

人は自分の得意なことなら、ラクに大きな成果が得られます。だから組織の全員で、それぞれが得意なことだけに取り組んだら、組織全体としてもパワーアップするんじゃないかと思ったのです。

これ本当に大事。**頑張って努力してできることって、それが元々大好きな人には絶対に勝てない**んです。

大事なのはやることを決めるんじゃなく、いかにやらないことを決めるか。

一人の人間が一生の中でできることなんて、わずかなことしかありません。だから本当に好きなことや得意なことだけを残して、あとはしないと決断することが大事です。

この話をすると、よくこんなことを聞かれます。

「会社員は自分の仕事が決まっているので、難しいと思うのですが……」

でもね、会社員でもできるのです。というか、**ちょっとくらい仕事の手を抜いても安定収入には影響しない会社員こそ、この「選択と集中」の鍛錬を積んでおくのが、人生全般に効いてくる**と個人的に思ってます。

このために必要不可欠なのが「自分の好きなこと、得意なことを絞る」方法。

私は2：6：2の法則の話を使ってます。聞いたことある人も多いと思うのですが、例えば働きアリは2割のめっちゃ働くアリと、6割の普通のアリと、2割の全然働かないアリで構成されている。んで、この法則が、どんな組織でもどんな集団でも当てはまるっていうやつです。

これを、仕事に応用しよう！ってことをよくお話してるワケです。だっていきなり「好きなことだけしよう！」とか言われても、じゃあ明日、会社に退職願を叩きつけて小説家を目指すのか!?って言ったらやっぱ無理なわけだし、結局、少しずつ変えていくしかないわけですよね。

具体的なやり方は、こう。

ワーク8

仕事を分類しよう

・「好きな仕事2割：普通の仕事6割：嫌いな仕事2割」に分けてみよう

・嫌いな仕事をやめる方法を考え、実行しようここで「いや、全部好きです！」とか「全部嫌いです！」とか言っちゃう人は、物事の捉え方がざっくりしすぎです（笑）。

丁寧に一つずつ細分化したら、必ず分けることができます。

とりあえずまずは10個、やっていることを書き出して、分けましょう。で、「キライな2割」に含まれた仕事を、「じゃあどうしたらしないで済むか？」を考えるのです。

私がまず手放すことに取り組んだのは、一番嫌だった業務である部下の教育。なのでとある部下に、隣の部署に移ってもらおうと考えたのです。

営業部から技術部という、ぜんぜん違う仕事する部署に……。

「私の元にいるより、あの人の元にいる方が絶対輝くと思う！」みたいに周りを説得して「じゃあ1回やってみるか」となり、異動して頂きました。

実際に彼も移動してからのほうが輝いていたので、本当に勇気を出して異動を打診してよかったと思います。

次に嫌だったのが、部下の仕事の確認。

ここでは「任せる」「丸投げする」という方法を取りました。

「私は指導しないからね！」「私はチェックしないからね！」という姿勢を貫く。

最初は「無責任！」って上司からも部下からも非難轟々でしたが、上司には「部下を育てるためです」、部下には「自己責任を学んでね」ってスタンスで、いくら失敗しようが何も手出ししなかったところ、自ら考えてクオリティを上げる努力を、部下自身がするようになりました。

結果的に、私の時間の削減に加え、部下の仕事へのコミット度もクオリティも上がったので、いいことしかなかったです！

で、そしたら今度はまた残ったものの中から2：6：2に分けて……ってのを繰り返していき、一番最初に「好き」に分類した2割のみが自分の仕事になることを目標に日々の仕事を組み立てる。

最終的に私の手元に残った仕事は営業のみになりました。

なんでかって言うと、私はやっぱり人と会って話すのが大好きで、「あー、ただ人と話してるだけでお金になったら超幸せなのになー」って常々思っていたから。

仕事って、一日の時間の大半を使うものですよね。こんな具合に、仕事を「大好きなことだけ」にすることで、毎日は本当に楽しくなります。

どんどんやめると成果が上がる

私、びっくりするほど自分に甘い上にお酒が大好きなので、お酒を飲んだ次の日は、朝から会社に行きたくないわけですよ。

そこで取り組んだのは**「会社に行きたくない日は行かない」**ということ。

なぜなら成果を考えたら、午前中休んで、昼から行ってその分、集中したほうがよくない？と思ったからです。

当然、有給は無くなるし、欠勤で給料引かれたりはあったんですが、でももう我慢して行くのはやめようと思ったんです。

もうひとつやめたのは日報。「私、もう日報は書きません！」って宣言して一人だけ書かないことにしました。

当然、上司に怒られるわけですが、でも私、気付いたんです。

上司がいくら怒ろうが、私がやらない限り、上司は私に真の意味で日報を書かせることってできないんだ！ということに(笑)。

そして得意なことだけに一点集中していたことで、営業成績はめちゃくちゃ上がりました。他の仕事がなくなった分だけじゃなく、数倍くらいに。

自分の欲求、やるべきこと、自分が持って生まれた才能を生かすほうにフォーカスしていると、成果ってほんとに楽しく簡単に上げることができるんですよね。

人のエネルギーって、我慢してるときがいちばん消耗します。

「ほんとはやりたいことがあるのに、ついダラダラしちゃってできないんですー」って悩みはよく聞きます。

それは、やりたくないことにエネルギー使いすぎてエネルギーが余ってないんだと思うんです。我慢してそっちにエネルギー使っちゃうと、やりたいことや好きなことができなくなる。

そこでまず、最初に取り組むべきは「エネルギーの節約」。嫌なことはやめて、エネルギーがそこそこ溜まってきたら、なにも頑張らなくても勝手に動けるようになります。

楽しいことなら何時間でもやり続けられるじゃないですか。

それってエネルギーをあんまり消耗していないということなんですよね。

だから我慢しない、って大事なんです。

お金の管理できないのは稼げるってこと

自分がやりたくないことや苦手なことっていうのはね、自分がする必要がないことなんです。自分の本質的な何かがね、それを教えてくれてるんですよ。


例えば私は、掃除・洗濯・洗い物が大っ嫌いで。

でも私は自分から望んで掃除嫌いになったわけじゃないんですよね。物心ついたときから掃除は嫌いだったし苦手だった。汚い部屋でも別になんとも思わなかった。

んで今、私はこのキライな家事を外注することで月に5万程度の雇用を生み出しているわけです。これってよく考えると、すごいことだと思いませんか？

だから自分が苦手なことっていうのは、
「あなたはそれしなくていい人なんだよ〜」
「あなたの使命はそれじゃないんだよ〜」
って、世界が教えてくれてるっていうこと。

せっかく教えてくれてるんだから、それを無理してやる必要なんてどこにもないどころか、**むしろやらないように自制するくらいの心意気が大事**だと思っています。

その分の時間で、とにかく自分の幸せだけを追求して好きなことをやっていくうちに、自分の本当に幸せな生き方＝使命って見つかるもんだと思うのです。

あと私の場合は、数字の管理とかも苦手で。

営業職に就いていた時代も、見積金額はしょっちゅう数百万単位で間違えるし、請求書は何度も催促されてからしか出さないし、自分の日報とか経費精算も全然提出しないしってことで、社内外問わずしょっちゅう怒られてました……。

家計簿だって、今までに何回つけようと思って断念したかわかりません。いろんな方法でチャレンジするものの、まー続かない続かない。

かといってちゃんと節約できてるわけでもなく、私の20代というのは基本的に「お給料日前の所持金は100円単位」という日々。というか前述の通り、むしろ借金も200万くらい。

で、返済計画を立てようにも、一度そこに向き合ってしまえば、確実に遣うお金を節約しなければいけないわけで、それは絶対に嫌なわけです。

だから向き合わない。すると毎月、利息＋αくらいしか返済できない。

そんなわけで、5年以上にわたって全く借金が減らなかったんですよね。

でもね、私は**家計簿を一度もつけることのないまま借金の返済に成功**しました。

自分の無駄遣いや余計な出費を可視化することのないまま返済したわけです。

もっと言うと、**無駄遣いすら続けたまま返済しました。**


どうやってしたんだか、わかります？

超簡単です。収入を上げたんです。


といっても起業してからの話じゃないですよ。会社員時代にです。

本業の収入を上げ、それなりにお金を好きなように使っても返済もできる！というレベルにしました。

まぁ、あと私は一時期、副業としてホステスのバイトもしてたので、それもかなり貢献しました（ホステスはお金のためというより楽しみのためにしてましたが）。


このときにわかったのです。私に向いているのはこっちだ、と。

私は、お金の管理が苦手な人というのは、お金の管理をしなくても済むように、**稼ぐ能力を与えられてる**んだと思ってます!!

会社やめたいけどやめられないは思い込み!

だからもしあなたが日々の生活で、

「本当はやりたくないこと」

「我慢してやっていること」

「やっててめっちゃ疲れること」

があるのだとしたら、それをやめてみてください。すぐに！　明日からにでも！


まぁ、こう言うとみんな「やめたいけどやめられません……！」とか言って身悶えするのですが。もし実際にやめたらどうなるのか？なんて考えたこともないのに、やめられないって思い込んでる人が、ものすごおぉぉぉぉく多いんですよね。

特に、仕事。


「私しかその業務を担当できる人がいないんです……」

「後任が決まらないと引き継ぎができないので……」

「私が休むとその分、他の人が働くことになります……」

「前に怒られたので、うちの職場では認められないです……」

こんな風に理由をつけて、みんな休むことすら躊躇する。

自分がいないと、大変なことになると思い込んでる。


でもね、よーく思い出してみて下さい。私たちが住んでいる、この国。

総理大臣、2006年ごろから何人やめた？　総理大臣ですよ、総理大臣。

そんな総理大臣ですら、ある日突然「もうやめます！」って言っても全然平気なんだよ!?　ちゃーんと後任が決まるし、その間、国が崩壊したりすることもない。

この本とか読んでる人の中に、総理大臣よりも、重要で、代替え不可能で、やめられないポジションに就いている人なんていないでしょ？

だからね、全然平気なので、**もし疲れてるなら、休みたいなら、やめたいなら、自分の気持ちに、素直に従いましょう。**

かくいう私は以前、3年間就いていた設計の仕事を、3日でやめたことがあります。

ある日、もう仕事がつくづく嫌になってしまって、やめよう。って思ったんです。で、水曜日ぐらいに上司に「今週いっぱいで、もう来ませんので」って言いました。いくつかプロジェクトも担当してたので、「そんな自分勝手なことが通用するわけ無いだろ！」って、当然のごとく上司ガン切れ。

でもね、私この時に気付いたんですよ。

「この上司がいくら切れようが怒ろうが、私が来ないと決めたらこの人は何もできない！」って（さっきの日報の話と一緒ですけど）。

だから上司にもそう伝えたんですよね。

「あなたが何を言おうが、私は今週いっぱいでもう本当に来ませんので。だから今あなたがすべきことは、少しでも早く引き継ぎを進めることじゃないでしょうか……」

そんなんじゃどこに行ってもやっていけないぞとか、人として最低とか、いろんなこと言われましたけど（笑）。

でも私はそのまま3日くらいだけ引き継ぎして、本当に会社やめたんですよね。先輩や同僚とかは大変だったと思います。1週間ぐらいは、徹夜とかしてたかもしれない。

ここで普通は「そんなに迷惑をかけたら、あとあと気まずいんじゃないか？」って心配になりますよね。私なんて特に、同じ業界内で転職してますので。

でもね、その心配も無用だったんですよ。

なんてったって私、半年後にはその会社に堂々と営業しに行ってましたから！

おそらく私の尻拭いをしたであろう先輩や同僚に「元同僚じゃないすか〜。買ってくださいよ〜！」つって、営業してました（笑）。

そこで「お前よくあんな辞め方してノコノコと顔出せるな。俺らがどれだけ大変だったか分かってんのかよ!?」なんて言ってくる人、1人もいなかったんですよ。

みんな大歓迎してくれて、なんなら「あさぎさん、転職してからのほうが生き生きしてるね！　自分に合った仕事見つかってよかったね！」なんて喜んでくれました。

そう、世の中の人って自分が考えてるよりずっと心も広いし優しいし、人の幸せを願ってくれてるんですよね。やっぱり嫌なやつって多分、この世で自分だけです（笑）。

たとえ時間が空いていても行きたくなければ行かない

「嫌なことはやめる」って話でもう一つ。

よくある悩みをご紹介します。

「友人の誘いを断ることに罪悪感がある」。

そう、私は「**行きたくない予定はキャンセルして自分のためだけに使おう**」ってよく言うんです。


でも「〇日に入っている予定に行きたくないんですー！」って人に「じゃあ行くのやめなよ」って言うと「でも一度行くって言ってしまったし……」ってめっちゃ躊躇するんですよね。お前は武士か？と、そこは盛大にツッコミを入れる私。

武士に二言なし！って。勇ましいわ（笑）！

「その日、都合が悪くなったから行けません」って、一言伝えればそれでOKです。どんな都合かなんて、聞かれても「いろいろ」とか言っておけばいい。

相手だって、あなたに嫌々でも来てほしいなんて絶対に思ってないから（笑）。

ちなみに私はたとえスケジュールが空いてても、行きたくないときは絶対に行かないです。

「その日は予定があります」って断ります。まぁこの予定って、「ブログを書く予定」とか「本を読む予定」とか「昼寝をする予定」とかなんですが。

でもこれだって、超立派な予定ですよ！

むしろ私にとってはかなり大事な、最も優先すべき時間の使い方。

世の中の人を見ていると、こういう読書とか昼寝とかの「自分だけのリラックスタイム」を後回しにする人が、すごく多いように感じます。

多くの人が、残業だとか、行きたくもない飲み会だとか、友人や親戚の集まりだとか、家事の時間だとか、育児の時間だとか、親孝行をする時間だとか……そういった「人との時間」を誘われるまま、押し付けられるままに先に全部確保してから、最後に残った時間で、自分の時間を確保しようとする。

それでは自分の時間なんて、絶対に確保できないですよ〜。

まず最初に確保すべきは自分の時間。

自分をリラックスさせて、自分を成長させる、自分だけの時間です。この時間が必要ない人なんて、多分いないですから。

人生は、「暇だな……」と感じてからが勝負です！

勝手に使命を感じたことをとにかくやってみる

こうして自分の天職にもめぐりあい、好きな仕事だけに熱中していた私だったのですが、妊娠が発覚したことがきっかけとなり、今のライフスタイルを選ぶことになります。

妊娠8ヶ月、あと2ヶ月で産休開始という立場にいた私は、復帰後のキャリアプランについて猛烈に悩んでいました。

前述したように、私は当時働いていた会社の社長になるのが目標だったので、育休期間をブランクとしか思えなかったのです。私が働いていた建設業界では女性の総合職比率がとても低く（3％しかいない）、大多数の総合職の女性は本気で結婚か、仕事か、の問題に直面していました。

私が勤めていた会社もご多分に漏れず、私が社内で1人目の育休取得者。

よって、復帰後の働き方なんてまったくの未知数。

時短勤務でも今までと同等の売上を出し続けるために、時間に追われ家庭と仕事の両立に必死になるのは嫌だった。

かといって売上を落とし、少し申し訳ないような気持ちで働くのも嫌。

だから、なんとかこの育休の1年間を利用して、通常勤務をしているとき以上のスキルアップができないか?と考えました。

育休がブランクにならず、復帰後はもっと楽に成果を上げられる自分になれるような、そんな方法を模索しようと思ったのです。たとえば留学するとか……。

そこで私が思い至ったのが、**育休中にブログの運営を始めること。**

当時、私の一番の関心ごとは、仕事と育児を楽しく両立するために、いかに手をかけずに子育てをするかということ。そのために必死になって、20冊じゃきかないくらいの育児本や、果ては論文まで読み漁ってました。

赤ちゃん学の専門家の方にコンタクトをとってみたり、英語で書かれた「海外の育児の常識」をひたすら解読しまくったり（見た目だけだったら、相当子ども思い・笑）。

そして、そこで知った日本の育児の常識と世界の育児の常識の違いに、目からウロコを落としまくってたのです。

海外では子どもの夜泣きは滅多にない、ベビーシッター活用はあたりまえなど。

これらの情報は、仕事と育児を両立するのが難しいと考えている業界内の女性たちにとって、とても参考になると思いました。これが前述の私の使命である「建設業界で確固たる地位を築く」というところにつながると思ったのです！

そして私は育休中にブログを開設。独身率が恐ろしく高い建設業界の総合職の女性向けに、まずは恋愛と結婚を指南する記事を書きはじめました。

そして無事、幸せな結婚ができたら、今度は仕事と育児を楽しく両立できるように……と。

「こんなことを書けるのは私しかいない！」

私は勝手に使命感を感じ、燃えていました。

そうしたら建設業界に限らず、読んでくれる人が増え、その中で私に直接、悩みを相談したいという人が現れ。

最初は無料で、Ｆａｃｅｂｏｏｋのメッセンジャーで相談に乗ってました。すんごい長文のやり取りを何度もして。でもそのうちに相談がとっても増えてきて、有料でもいいから直接会って相談したいという方まで現れて。

そういう声に応えてセミナーやコンサルをしたりしているうちに、今度はお会いした方から「長期的に相談に乗って欲しい」と言われ。

その声に応えるような形でスクールを開設し、どんどん規模が大きくなり、今に至ります。

前向きな使命はこのように、思ってもみない行動へ導いてくれるんですよね。

100の努力より1の勇気

というわけで、私は受講生とかには、**とりあえず嫌なら会社やめなよ、家事やめなよ、**と勧めるわけです。でも全員が「わかりました、明日辞表出します」「明日から家事一切しません」って行動できるわけじゃないのは、わかってます。そこで続けるアドバイスは、こう。

「仮にいま言ったことを全部できたら、あなたは一気に変化する。でも全部はできなかったとしても、それに1歩でも近づける方法はなにかと考えて、それからやっていくんだよ」。

たとえば、会社をやめたいのが本心だとしても、まずは明日から、あの書類はめんどくさいから作るのやめようとか、日報を書くのをやめようとか、週に1回は有給取ろうとか。家事なら、食器洗いだけでも夫に頼もう、とか。

そうして少しずつ手放していって、空いたスペースを好きなことで埋めていく。

ワークでもやりましたけど、まず自分に何ができるか考えて、小さいことでもいいから、日々少しずつ積み上げていくのが、とっても大事。

人生は2つの要素で変わります。それは日々のコツコツと、劇的なドーン‼

スポーツとかで考えるとすっごく分かりやすいのですが、日々コツコツ練習しているからこそ、試合で力が出せる。

でも、その日々のコツコツの原動力となっているのは、本番でドーン！と味わう衝撃だったり、感動だったりしますよね。

この、コツコツとドーン！のバランスがうまくいったときに、人ってホント、劇的に変化するんだと思うんです。どちらが欠けても、大きく変化するのって難しい。

受講生とか見てると特に、コツコツはもう、すごいちゃんとしてきてるなーって、いつも思う。学びも仕事も自分磨きも、ちゃーんとみんな頑張ってきてる。

でも何が足りないんだろうって考えると、やっぱり圧倒的なドーン！

今まで行ったことのないところに飛び込むとか、今までしちゃいけないって思ってたことをするとか、勇気がいるような、ドキドキしちゃうようなこと。

男性に自分から連絡してみたり、仕事サボってみたり。

自分の素を出して彼氏ができたり、仕事サボって人気者になったり、昇進したりっていうのは「受講生あるある」です！

１００日の努力より、一回の勇気が人生を変えるんです。

そのためには、本当にやりたいのか？　本当はやりたくないのか？をぐいぐい突き詰める。

「いつか」なんてないんです。
明日できないことが1年後ならできるなんて、それマジで幻想です。
明日できないことは一生できない。
明日からできないことは、諦める。

しなきゃいけないことなんてこの世にないんですよね。呼吸とか食事とか睡眠くらいじゃないでしょうか。本当にしなきゃいけないことって。
人生は短いんだから嫌なことしてる時間なんてありません。

楽しいこと、やりたいことをどんどんやりましょう。
思い通りの人生は、そんな毎日から生まれます。

しなきゃいけないことなんてない。
明日できないことは一年後もできない。

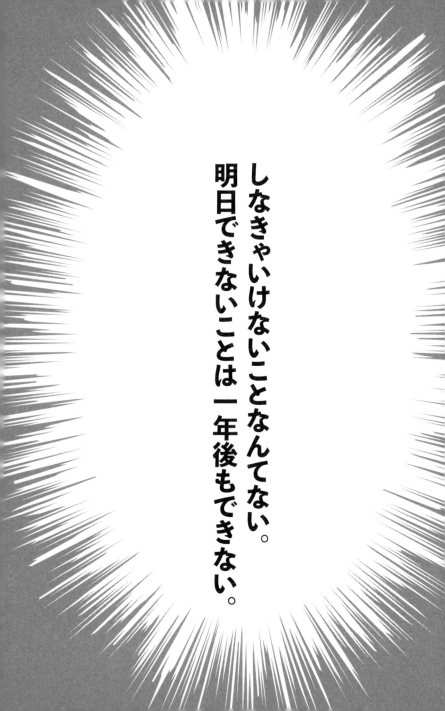

おわりに

人が勇気を出した姿を見ると泣けます。私もやってきたからこそわかる苦しみ。どんなに勇気を振り絞った決断だったか。

私は以前は、こんな生活を送れるのはやっぱり私が選ばれた人間だったからなんじゃないか？と思っていました。しかし人生を開花させていく何十人もの受講生を見て、やっぱり誰でも自分らしい幸せな人生は送れるんだなと実感したのです。

多くの女性が、たくさんの思い込みや刷り込みや不安から、自分が自分らしくいることを自分で制限しまくって、一生懸命普通のフリをして生きていると思います。

「私、変わったところなんてないですよ～」「マトモな大人な普通の女ですよ～」って、世の中に一生懸命にアピールして。

でもみんな元々そういう人じゃないし、全然うまく演じきれてない（笑）。

だから、それ、やめるだけなんです。

素直に自分の魅力を認めて、自分にとことん甘くなって、

「だってこれが私だし。文句ある？」

って言えるようになると、本来の魅力が開花します。


私は、私や受講生のような生き方ができる女性を、もっともっと増やしていきたいと思っています。

◆好きな人との好きな仕事だけで毎日楽しく豊かに稼いで
◆美容やファッションに時間もお金も手もかけて、常に磨かれて美しく
◆素敵な男性たちに愛されて、好きなだけラブラブな時間を過ごしながら
◆謙遜も空気読みも一切いらない、爆笑しながらエネルギーもらえる友人に囲まれ
◆家事と育児は、無理なく楽しめる範囲で、あとは外注で（笑）！

そんな女性の生き方が、当たり前にできる社会を作りたい。

どんなに必死で頑張ってみたところで、私が影響を及ぼせる範囲というのは、ものすごぉぉぉく狭い範囲でしかないかもしれません。

でも、たとえ激セマな範囲であっても、ほんの少しでも良くなるのであれば、それは確実に素晴らしいことであるし、影響力の小ささが「やらない理由」には、絶対にならないと思うのです。


みなさんも、まずは思い通りの人生を生きる決断をしてみて下さい。

あなたの人生が飛躍する、大きなきっかけになりますように！

小田桐あさぎ

理想の男性リスト

外見編

▼先天性

- 私がイケメンだと感じる
- 目が二重でぱっちり
- 鼻筋が通っている
- 体型が細め
- 顔が小さい
- 私より背が高い（155cm以上）

▼後天性

- 髪が長め／長髪が似合う・好き
- ファッションにあまりお金をかけない
- きれいな雰囲気がある
- 体臭がきつくない
- 身のまわりを清潔に保っている
- 毎日歯磨きをする

性格編

▼性格・価値観

- ナルシスト
- キザな部分がある
- 他人に対し基本的に親切
- 正直で嘘を日常的につかない
- 誠実である
- 潔癖性でない
- 精神的に安定している
- かなり変わっている
- 斬新な切り返しができる
- 友人に好かれている
- 人生に対し向上心がある
- 物事を人や世の中のせいにしない
- 他人に対し否定から入らない
- 人をバカにして笑いを取らない
- DVをしない
- 物事に対して許容範囲が広い
- ヒステリックじゃない
- 怒鳴らない
- 言葉使いがていねい
- 一緒にお酒やおいしいものを楽しめる
- ケチじゃない
- 食や人の好き嫌いが激しくない
- 外出・旅行がそれなりに好き

▼対わたし

- 私の外見をかわいい／きれいだと

思ってくれる
・私のことが大好き
・嫉妬深くない
・自分がないがしろにされたことに怒らない
・私を自分より優先に考えてくれる
・尊敬できる
・性的な相性が悪くない
・性的な探究心があり努力できる
・私の友人と仲よくできる

ライフ編

▼家庭

・私の仕事や、やりたいことを理解してくれる
・そして応援・協力してくれる
・家事・育児をする
・私が家事をしなくても怒らない
・自分のことは自分でできる
・専業主婦への憧れがない
・普通の家庭で両親がよい人
・自分の家族を大切にしている
・私の家族を大切に思ってくれる
・子供が欲しいと思っている

▼技能

・心身ともに健康
・車の運転ができる
・アウトローでない
・致命的な犯罪歴がない
・致命的な借金や借金癖がない
・努力ができる
・貯金ができる
・酒癖が悪くない
・ギャンブラーでない
・離婚歴がなく子供がいない
・地頭がいい
・雑学が豊富
・高卒以上
・ネットやパソコンに強い
・オタク系の話ができる
・人生・仕事・お金などの真面目な話ができる
・政治・経済等の議論ができる
・歴史・芸術などにそれなりに教養がある
・自己学習ができる
・海外や英語に対しアレルギーがない

▼仕事

・年収300万以上
・年収増の見込みがある
・仕事的サバイバル能力がある
・仕事に真剣に取り組んでいる
・仕事を楽しんでいる
・自分の好きな仕事をしている

小田桐あさぎ
株式会社アドラブル　代表取締役社長
魅力覚醒ラボ　主宰
1983年札幌生まれ。
出会って2週間の男性と、2012年に結婚。
第一子の妊娠中に「母、妻、社会人、女性、自分……すべてをワガママに両立したい」という思いからブログを開設する。
独自の恋愛・家庭・仕事論が好評を博し、月間30万PVの人気ブログへ。コンサル依頼が殺到し育児休暇中に起業、10ヶ月後に株式会社を設立。
「普通の女で終わらない」をキーワードに、誰もが持っている唯一無二の魅力と使命を自分の力で見つけ出すための「魅力覚醒プログラム」は170名以上が受講。
満足度の高いカリキュラムとコミュニティ作り、また新時代のワーキングマザー像を提唱する活動が注目を浴びている。

嫌なこと全部やめたらすごかった
女の無理ゲー攻略ブック

2018年4月30日　第1版　第1刷発行
2024年3月 9 日　　　　第7刷発行

著　者　小田桐あさぎ
発行所　WAVE出版
〒102-0074　東京都千代田区九段南3-9-12
TEL 03-3261-3713　FAX 03-3261-3823
振替 00100-7-366376
E-mail: info@wave-publishers.co.jp
http://www.wave-publishers.co.jp

印刷・製本　萩原印刷

NDC159　191p　19cm　ISBN978-4-86621-131-2